Bernd Siggelkow
Wolfgang Büscher

Deutschlands sexuelle Tragödie

Wenn Kinder nicht mehr lernen, was Liebe ist

W0048116

GOLDMANN

FSC

Mix
Produktgruppe aus vorbildlich
bewirtschafteten Wäldern und
anderen kontrollierten Herkünften

Zert.-Nr. SGS-COC-1940
www.fsc.org
© 1996 Forest Stewardship Council

Verlagsgruppe Random House FSC-DEU-0100
Das FSC-zertifizierte Papier *München Super* für dieses Buch
liefert Arctic Paper Mochenwangen GmbH.

1. Auflage
Taschenbuchausgabe Januar 2010
Wilhelm Goldmann Verlag, München,
in der Verlagsgruppe Random House GmbH
Copyright © der Originalausgabe 2008
by Gerth Medien GmbH, Asslar,
in der Verlagsgruppe Random House GmbH,
Umschlaggestaltung: UNO Werbeagentur, München
in Anlehnung an die Gestaltung der HC-Ausgabe
(Hanni Plato)
Umschlagfoto: Emely/zefa/Corbis
GJ · Herstellung: Str.
Druck und Bindung: GGP Media GmbH, Pößneck
Printed in Germany
ISBN: 978-3-442-15592-7

www.goldmann-verlag.de

Inhalt

Vorwort

von Thomas Schirrmacher

Ich wünsche mir, dass so viele Menschen wie möglich die erschütternden Lebensgeschichten junger Menschen lesen, die „Die Arche" in diesem Buch zusammengetragen hat. Sie sollten es aber nicht mit dem Blick des entsetzten Zeitungslesers tun, der nur wieder einen Beweis mehr findet, dass die Welt früher besser war, sondern mit dem mit-leidenden und hilfsbereiten Herzen der Arche-Mitarbeiter, die diese Geschichten nur deshalb aufzeichnen konnten, weil sie bereit waren, vor Ort zu sein, viele Stunden lang zuzuhören und zu helfen.

Das einstige Tabu, mit dem das Thema Sexualität behaftet war, ist längst dem Tabu gewichen, über die Folgen der sexuellen Freizügigkeit zu sprechen. Dass es Sexsucht, Pornografiesucht und extreme sexuelle Verwahrlosung gibt, wird nur selten thematisiert. Wer es dennoch tut, gilt als lebensunlustig und verklemmt.

Am schlimmsten trifft es wieder einmal Kinder und Jugendliche. Selbst wenn die sexuelle Verwahrlosung bei ihnen in alle anderen Lebensbereiche übergreift und ihnen die Zukunft verbaut, fühlt sich keiner zuständig. Und selten haben diese jungen Menschen eine

Familie, die ihnen helfen kann – ist doch meist die Familie überhaupt der Ursprung ihrer Probleme.

Was ich als Wissenschaftler aus Untersuchungen und Statistiken in meinen Büchern „Ausverkaufte Würde" und „Internetpornografie" zusammengetragen habe, erleben die Mitarbeiter der Arche täglich im Umgang mit Betroffenen. Wo ich meine Bücher beiseitelegen kann, wenn mich die Trauer überfallen will, und Feierabend mache, fängt die Arbeit der Arche-Mitarbeiter erst an!

Eine Tragödie nimmt ihren Lauf, die allein deshalb schon ein gesellschaftliches Thema sein müsste, weil sie aufgrund ihrer Folgen auch die Sozialkassen stark belasten werden, wenn einen das Schicksal Einzelner schon nicht bewegt. Die verheißene sexuelle Befreiung ist längst völlig aus dem Ruder gelaufen. Der versprochene Spaß wird täglich beworben, über diejenigen, die die Zeche bezahlen, spricht man kaum; seien es Zwangsprostituierte, Sexsüchtige oder Kinder, die durch Frühsexualisierung die Fähigkeit verlieren, noch irgendwelche stabilen Beziehungen jenseits vom Sex aufzubauen – mit allen Folgen, die das hat.

Während wir erfreulicherweise an Deutschlands Arbeitsplätzen dafür sorgen, dass sexuelle Belästigung und sexistisches Gerede aufhören, ist beides in immer mehr Familien Alltag. Wenn Eltern mit ihren Kindern täglich Pornofilme schauen und Kinder zu Hause ständig wechselnde Partner ihrer Mütter kommen und gehen sehen, dann folgen sie nicht nur diesem Vorbild, sondern rutschen in der Regel noch tiefer in den Sumpf ab als ihre Eltern. Gut, dass es Menschen wie die Mitarbeiter der Arche gibt, denen das nicht egal ist, sondern die vor Ort sind, Zeit haben und denen Gesprächspartner sind, die zu Hause keine mehr haben.

Das Ganze ist, wie die Autoren deutlich zeigen, längst kein reines Unterschichtproblem mehr. Zwar habe ich in meinem Buch „Die neue Unterschicht" versucht zu zeigen, dass die Unterschicht die entstehenden Probleme viel schlechter kaschieren und Geld manche Folgen abfedern kann, doch wir haben hier letztlich kein materielles, sondern ein ethisches Problem vor uns, und wo die ethischen Grundlagen wegbrechen, kann auch Geld keinen Ersatz schaffen.

Die Arche arbeitet im Geist der christlichen Nächstenliebe. Aber die von ihr beschriebenen Einzelschicksale sind so offensichtlich dramatischer Natur, dass man längst keine spezielle christliche Ethik mehr braucht, um zu erkennen, dass hier Menschen dringend Hilfe brauchen.

Christlich an der Arche ist aber eben auch, dass sie sich an vorderster Front denen widmet, die im Sumpf versinken. Christen reden deutlich von Sünde, Schuld, bösen Strukturen und persönlicher Verantwortung, aber sie sind – hoffentlich jedenfalls – auch mitten im Geschehen präsent und bieten Tätern, schuldig Gewordenen und Opfern gleichermaßen die Hilfe an, die Jesus Christus allen angeboten hat – den Prostituierten wie den korrupten Zollbeamten, den Pharisäern wie den Kleinkindern. Das Böse wird nicht einfach überwunden, indem man von außen darüber schreibt, sondern indem man auch in die Realität hinabsteigt und den Menschen dort hilft, wo sie tatsächlich leben. Die Botschaft der Bibel ist nicht deswegen eine gute Nachricht, weil sie die Glücklichen noch glücklicher macht, sondern weil sie sich dort bewähren will, wo das Leben am dunkelsten ist. „Die Starken brauchen keinen Arzt, sondern die Kranken. Ich bin gekommen, die Verlorenen zu rufen und nicht die Gerechten" (Jesus in Markus 2,17).

Prof. Dr. phil. Dr. theol. Thomas Schirrmacher, Theologe und Soziologe, leitet das Institut für Lebens- und Familienwissenschaften und ist als Sprecher für Menschenrechte der weltweiten Evangelischen Allianz auch mit der Bekämpfung des internationalen Sex-Trafficking befasst. Unter anderem forscht er seit zwei Jahrzehnten über die Verbreitung der Pornografie und zu welchen Verhaltensweisen sie im Alltag führt.

Einleitung

„Wenn Kinder nicht mehr lernen, was Liebe ist" – mit diesem Satz fing der *Stern*-Autor Walter Wüllenweber einen Artikel an, der die Medienlandschaft ein Stück weit in Aufregung versetzte (*Stern*, Ausgabe 06/2007). Das Fazit des Artikels war: Ein Teil der Gesellschaft driftet ab in die sexuelle Verwahrlosung.

Ist dies tatsächlich der Fall oder wollte der Kollege lediglich Aufmerksamkeit erregen und etwas für die Auflage des *Stern* tun?

In den Tagen und Wochen nach Erscheinen des Artikels riefen viele Journalisten in der Arche an und fragten nach dem Wahrheitsgehalt der zahlreichen Fallbeispiele. „Macht ihr die gleichen Erfahrungen?", wollten sie wissen. Wir müssen sagen: Der Kollege hat sehr gut recherchiert. In vielen Gesprächen mit Kindern und Jugendlichen aus der Arche haben wir ähnliche Erfahrungen gesammelt.

Vor einiger Zeit schickte mir eine unserer Sozialpädagoginnen, die im Auftrag der Arche in den Straßen Berlins unterwegs war, eine SMS, die in etwa den folgenden Inhalt hatte: „Hab mich gerade mit zwei Mädels getroffen und sie haben mir von ihrem ersten Mal Sex erzählt. Ein sonst eher stilles Mädchen sagte mir, sie habe mit 9 das erste Mal Geschlechtsverkehr

11

gehabt. Ihre Mutti sei allerdings nicht sauer gewesen."

Das ist kein Einzelfall. Vor einiger Zeit saß ein 11-jähriges Mädchen in meinem Büro und fragte mich, ob es hässlich sei. Auf meine Frage, wie es denn darauf käme, antwortete das Kind: „Weil ich noch keinen Sex hatte."

Mädchen und Jungen in Deutschland haben immer früher Sex. Ihr erstes Mal erleben sie laut der Studie „Jugendsexualität" der Bundeszentrale für gesundheitliche Aufklärung (BzgA) mit durchschnittlich 15 Jahren. Jedes zehnte Mädchen im Alter von 14 hat schon mit einem Jungen geschlafen. In der Arche, das hat eine Umfrage ergeben, sind die Kinder im Durchschnitt schon ein bis zwei Jahre früher sexuell aktiv, manche von ihnen sogar noch wesentlich früher.

> Vor einiger Zeit saß ein 11-jähriges Mädchen in meinem Büro und fragte mich, ob es hässlich sei. Auf meine Frage, wie es denn darauf käme, antwortete das Kind: „Weil ich noch keinen Sex hatte."

Aber sind unsere Kinder deshalb auch reif dafür? Haben sie Gefallen am frühen Sex?

Definitiv nicht.

80 Prozent der Kinder und Jugendlichen, die schon sehr früh sexuell aktiv waren, wünschen sich, sie hätten noch gewartet. Das ergab die schon genannte Studie der BzgA.

Die Kluft zwischen körperlicher und geistig-psychischer Sexualreife wird immer größer. Sexualität hat auch ganz viel mit Verantwortung zu tun, mit Respekt, mit Bindung, Mitmenschlichkeit, Reife und – nicht ganz zu vergessen – mit Liebe. In den Gesprächen mit „unseren" Kindern und Jugendlichen in der Arche merkt man, dass die körperliche Reife oft zwar da ist, die Seele jedoch hinterherstolpert.

Viele der Kids haben schon ganz früh das Drehbuch zum Sex im Kopf. Geschrieben wurde es von der *Bravo,* von Internetportalen und oft auch von ihren Eltern. Sie erleben Sex als Ware, als Droge, als Ersatz für fehlende Werte.

Die Jugendlichen werden überrollt von Informationen zum Thema Sex, und die Masse an Information und Bildern, die auf sie einströmt, wird ungefiltert und unverarbeitet von ihnen aufgenommen. Das führt dazu, dass sie sehr wohl wissen, was es alles gibt, aber das Ganze nicht einordnen können. Viele von ihnen wissen zwar, was Sadomaso bedeutet, was unter Gangbang und Sandwich-Sex zu verstehen ist, aber das grundsätzliche Wissen über Sexualität und darüber, was diese mit Liebe zu tun hat, fehlt fast immer. Die Deutsche Gesellschaft für Sexualwissenschaftliche Sozialforschung warnt vor einer besonders gefährlichen Mischung: „Das Wissen über Sex ist extrem gering, die Illusion jedoch, etwas darüber zu wissen, dafür umso größer" (Berliner Morgenpost vom 16.5.2008).

Da wundert es einen auch nicht, wie lax viele Jugendliche mit dem Thema Verhütung umgehen. Je jünger die Mädchen und Jungen beim „ersten Mal" sind, desto seltener verhüten sie. Jedes fünfte Mädchen, das mit 14 oder 15 Jahren mit einem Jungen schläft, tut dies ohne Schutz vor Krankheiten und Schwangerschaft. Von den in diesem Buch beschriebenen Kids und Jugendlichen verhüten nicht einmal zehn Prozent. Der „Sexualaufklärer der Nation", Oswalt Kolle, sagte in der Talkshow Maischberger zum Thema „Keuschheit statt Porno – brauchen wir eine neue Sexualmoral?" (4. Dezember 2007), dass Frauenärztinnen in Deutschland davon sprechen, dass nur fünf Prozent aller Jugendlichen aus sozial schwächeren Familien verhüten.

Fast täglich sind die Mitarbeiter der Arche unterwegs auf den Straßen und öffentlichen Plätzen, in Wohnungen und Häusern, um Familien und Kinder aufzusuchen, die in verschiedenen Lebensbereichen Hilfe brauchen. Hier treffen wir manchmal Kinder im Alter zwischen 5 und 6 Jahren, die über Stunden mit sich allein auf dem Spielplatz spielen. Weit und breit ist kein Erwachsener zu sehen. Zu einer bestimmten Uhrzeit gehen sie dann wie ferngesteuert nach Hause. In den Familien herrschen Arbeits- und Perspektivlosigkeit. Die Kommunikation findet häufig – wenn überhaupt – vor dem laufenden Fernseher statt. Unzählige Kinder in Deutschland wachsen so auf. Die Geschichten von einigen von ihnen haben wir in unserem ersten Buch, „Deutschlands vergessene Kinder", erzählt.

> 80 Prozent der Kinder und Jugendlichen, die schon sehr früh sexuell aktiv waren, wünschen sich, sie hätten noch gewartet.

Auch in diesem Buch finden Sie nun Geschichten von Kindern und Jugendlichen, die wir durch unsere Arbeit kennengelernt haben. Es könnten die gleichen Kinder sein wie die aus dem ersten Buch. Es sind Kinder, die in Armut aufwachsen – viele von ihnen in finanzieller Armut, aber vor allem, und das ist oft viel schlimmer, in emotionaler Armut. Sie haben nie gelernt, was Liebe ist. Über die Auswirkungen dieser emotionalen Armut wollen wir im Folgenden berichten.

Dieses Buch ist keine wissenschaftliche Studie; es beschreibt nur eine Recherche unter Jugendlichen und deren Geschichten. Es will niemanden verurteilen oder Vorurteile wecken. Wir wollen lediglich darauf aufmerksam machen, wo unsere Gesellschaft hinsteuert, wenn unsere Kinder sich selbst überlassen werden bzw. wenn man sie mit Dingen konfrontiert, die ihrem Entwicklungsstand nicht angemessen sind.

Und es beschäftigt sich mit Fragen, die wir uns in dem ganzen Zusammenhang stellen müssen. Zum Beispiel:

› Reicht die biologische Aufklärung in den Schulen?
› Wo sind im Umfeld der Kinder Ansprechpartner zum Thema Sex zu finden?
› Wie sollen Medien zukünftig mit diesem Thema umgehen?
› Muss es nicht stärkere Kontrollen und bessere Schutzvorrichtungen im Internet geben?

Sicher werden die in diesem Buch beschriebenen Geschichten Aufsehen erregen, doch viel mehr wünschen wir als Autoren uns, dass unsere Kinder wieder ins Blickfeld kommen.

Wir alle müssen diesen Kids und Jugendlichen helfen, ihr Leben zu meistern. Wir müssen ihnen wieder Werte und Inhalte vorleben, nur dann leben unsere Kinder sie nach.

Leider denken heute viele Menschen, dass die sexuelle Verwahrlosung von Jugendlichen wenn überhaupt, dann nur eine Randgruppe, nur die sogenannte Unterschicht, betrifft, aber dem ist nicht so. Bei unseren Recherchen haben wir festgestellt, dass auch Jugendliche von der sexuellen Tragödie betroffen sind, die aus besseren finanziellen Verhältnissen kommen. Für sie ist es sogar häufig noch einfacher, Bilder und Videos aus dem Internet herunterzuladen, da sie über das nötige Kleingeld verfügen, um sich spezielle Filmchen auf ihre Mobiltelefone zu ziehen und mit nur einem Klick von einem Handy zum anderen zu schicken.

Wir haben uns bewusst dafür entschieden, das Thema wieder in „Geschichtenform" darzustellen, um der Tragödie ein Gesicht zu geben. Nur so wird wirklich deutlich, dass es sich hier um Kinder „von nebenan" handelt und nicht um eine Gruppe von Außenseitern und Absteigern.

Natürlich ist es nicht einfach, die zum großen Teil sehr erschreckenden Erlebnisse von jungen Menschen zu erzählen, doch wollen wir auf die Tragweite der sexuellen Verwahrlosung hinweisen, ohne zu verurteilen, und dem Leser die Chance geben, sich selbst ein ungetrübtes Bild zu machen.

Das Thema ist immer noch schwierig genug, doch wir brauchen Lösungen und Hilfestellungen für die Generation, die ansonsten auf der Strecke bleibt.

Bernd Siggelkow,
Leiter der Arche

Wolfgang Büscher,
Pressesprecher der Arche

Anmerkung

Die folgenden Geschichten sind wahr. Zum Schutz der beschriebenen Personen wurden jedoch die Namen geändert sowie weitere Verfremdungen vorgenommen, sodass keine Rückschlüsse auf ihre wahre Identität gezogen werden können.

Einblicke in das Leben der Personen, von denen in diesem Buch berichtet wird, erhielten die Autoren zum einen durch Äußerungen vieler Kinder und Jugendlicher im alltäglichen Geschehen in der Arche, zum anderen durch Berichte von Erzieherinnen der Einrichtung sowie der Sozialpädagogin, die im Auftrag der Arche viele Familien besucht. Darüber hinaus wurden im Rahmen der Recherche mit verschiedenen Jugendlichen persönliche Gespräche geführt, wobei bei Gesprächen mit Mädchen immer auch Erzieherinnen anwesend waren.

Die Geschichten wollen nicht voyeuristischen Zwecken dienen, sie sollen lediglich das Ausmaß der Tragödie deutlich machen. Dafür war es unerlässlich, Dinge beim Namen zu nennen und Sachverhalte auf eine Art und Weise zu beschreiben, die nichts beschönigt.

„Unsere ultimativ geile Vagina"

Jana

Jana ist 14 Jahre alt. Sie ist ein hübsches Mädchen mit ausdrucksstarken, blauen Augen, blassem Teint und blonden schulterlangen Haaren. Ihre Röcke sind oft mehr als kurz und sie zeigt im Winter wie im Sommer gerne ihr Bauchnabel-Piercing – einen roten Stein mit einer kleinen goldenen Kette.

Jana lebt mit ihrer Mutter in einer kleinen Dreizimmerwohnung in einer Ostberliner Plattenbausiedlung. Mit der Mutter, die gerade einmal 15 Jahre älter ist als sie, versteht sich Jana hervorragend. Sie bezeichnet sie sogar als ihre beste Freundin. Ihren leiblichen Vater hat das Mädchen nie kennengelernt, dafür hatte es verschiedene „Stiefväter". Allerdings blieb kaum ein Mann länger als ein halbes Jahr in der Familie. Daran, dass die Freunde der Mutter ständig wechseln, hat sich Jana inzwischen gewöhnt. Sie kennt es nicht anders.

Früher kam Jana regelmäßig in die Arche. Heute sieht man sie hier nur noch selten. Seit zwei Jahren verbringt sie ihre Freizeit auf andere Weise – in erster Linie mit Jungs ...

*

Jana war gerade 12, als sie das erste Mal mit einem Jungen geschlafen hat. Patrick war zwei Jahre älter als sie. Er besuchte Jana zu Hause. Das Mädchen hatte sturmfreie Bude und so konnten sie sich ungestört näherkommen, sehr nah sogar. Noch heute schwärmt Jana von dem Jungen. „Er war so süß ... Es war richtig geil." Richtig zusammen waren die beiden allerdings nie. Sie hatten noch zweimal Sex miteinander, dann war Schluss. „Eigentlich haben wir nicht so zueinander gepasst, aber im Bett war es schön."

Zwei Wochen später traf Jana auf einer Party Mike, den Exfreund einer Freundin, und nahm ihn mit nach Hause. Dass sie einen 17-jährigen Jungen mitbrachte, der auch über Nacht blieb, war kein Problem; die Mutter hatte nichts dagegen. Auch sie hatte seit ein paar Tagen wieder einen neuen Partner.

„Am Morgen haben wir uns dann zu viert am Frühstückstisch getroffen. Wir haben alle gelacht", erinnert sich Jana.

Mike blieb gleich für eine ganze Woche bei ihr. Zur Schule ging Jana in dieser Zeit nicht. Dazu hatte sie keine Lust. Noch heute schwärmt sie, wie toll das war. Mike hat sie nach dieser Woche nie wiedergesehen.

Seitdem hat sie Feuer gefangen. Von den Jungs, so erzählt sie, kommt sie nicht mehr los. „Viele sind einfach nur süß." Wenn sie – in der Regel freitags – mit ihren Freundinnen durch die Clubs oder Discos zieht, bringt sie fast immer einen Jungen mit nach Hause. Und sie führt säuberlich Buch über ihre Sexerlebnisse. Alle Einzelheiten vertraut sie ihrem Tagebuch an.

Sie weiß, dass sie mit ihren 14 Jahren schon mehr Männer hatte als viele Frauen in ihrem ganzen Leben.

Sie vergleicht sich da durchaus mit ihrer Mutter, und die hatte, so erzählt sie offen, schon mehr als hundert Männer im Bett. Leichte Bedenken hat ihre Mama da heute allerdings schon. Sie möchte nicht, dass die Jungs denken, Jana sei leicht zu haben.

Jana selbst sagt, sie könne ohne Sex nicht mehr leben, sie brauche ihn wie die Luft zum Atmen. „Sex ist wie eine Zigarette rauchen. Das gehört einfach dazu", erklärt sie cool. Auf die Frage, ob sie sexsüchtig sei, antwortet sie: „Einer, der Fußball spielt, der dreimal die Woche trainiert, ist ja auch nicht fußballsüchtig."

> „Sex ist wie eine Zigarette rauchen. Das gehört einfach dazu", erklärt sie cool.

Verhütung wird bei Jana kleingeschrieben. „Manchmal, wenn der Typ 'n Gummi mithat, aber ohne ist es viel schöner." Über Krankheiten macht sie sich keine Gedanken, über eine mögliche Schwangerschaft auch nicht. „Wenn es passiert, dann passiert es eben", sagt sie. Irgendwann will Jana ohnehin ein Kind. Länger als zwei oder drei Jahre in einer Beziehung zu leben, das kann sie sich allerdings nicht vorstellen. Das Kind würde sie im Fall des Falles also alleine aufziehen – oder mit der Mama.

Mutter und Tochter schauen sich übrigens auch häufig gemeinsam Pornos an. Sie wollen neue Stellungen lernen. Beim Sex hat Jana ihrer Mutter noch nie zugesehen, obwohl sie sagt: „Ich bin schon neugierig, wie das bei ihr ist. Vielleicht mache ich das demnächst einmal." Der Mutter von Jana wäre das egal. Sie hätte nichts dagegen, wenn ihre Tochter ihr beim Sex zuschauen würde. Ganz im Gegenteil, das hat sie ihrer Tochter einmal verraten. „Vielleicht macht mich das auch scharf."

Derzeit hat die 14-jährige Jana einen Freund, der schon 40 Jahre alt ist. Im Internet hat sie ihn kennengelernt. Die beiden sind schon seit fast drei Wochen ein Paar. Die Mutter findet das toll, schließlich werden sie und ihre Tochter nun regelmäßig zum Einkaufen gefahren. Kürzlich waren sie alle drei in einem großen Freizeitzentrum in der Nähe von Berlin. Ohne Auto wären sie nicht dorthin gekommen. Über das Alter des neuen Freundes ihrer Tochter macht sich die Frau keine Gedanken. „Der sieht viel jünger aus und er ist nett." Dass der Mann wohl nur auf kleine Mädchen steht, findet sie offensichtlich nicht bedenklich. Für sie bedeutet diese Beziehung eine Erleichterung.

Mutter und Tochter haben kürzlich einer großen deutschen Boulevardzeitung und einem Fernsehsender Interviews gegeben. In der Schule habe es am Tag darauf Kritik gegeben, so die Mutter, aber die anderen Mädchen dort seien wahrscheinlich neidisch auf ihre Tochter. „Wer hat schon ein so tolles Verhältnis zu seiner Mutter?" Ein wenig Stolz schwingt in ihrer Stimme mit.

Jessie

Die 17-jährige Jessie kommt seit ca. zwei Jahren in die Arche, meistens in Begleitung ihrer Mutter, die nur knapp 15 Jahre älter ist als sie. Die beiden werden oft für Schwestern gehalten, denn auch die Mutter wirkt mit ihren 32 Jahren noch sehr jugendlich. Die beiden sind so etwas wie beste Freundinnen. Fast immer sieht man sie zusammen, an Wochenenden ziehen sie sogar gemeinsam durch die Klubs und Kneipen in der Nachbarschaft, um Männer kennenzulernen. Nicht selten landen sie mit einem von ihnen anschließend im Bett.

So ist Jessie übrigens entstanden – bei einem sogenannten One-Night-Stand. Laut der Mutter kommen dafür zwei Männer infrage, deren Namen hat sie aber vergessen. Sie hat von keinem der beiden je wieder etwas gehört.

Seit ihrer Jugend wechselt die Frau ständig ihre Partner. Begehrt zu werden ist für sie furchtbar wichtig. Wichtiger als alles andere, auch als arbeiten. Sie ist nie wirklich irgendeiner Arbeit nachgegangen. Nach der Schule – sie hat einen Hauptschulabschluss – hat sie eine Ausbildung in einem Drogeriemarkt gemacht, ist aber nach der Lehre nicht übernommen worden, weil sie oft „krank" war oder unentschuldigt gefehlt hat. „Immer wenn ich einen neuen Freund hatte, bin ich natürlich nicht arbeiten gegangen. Dann lagen wir 24 Stunden am Tag im Bett und hatten Spaß. Das machen doch alle so."

Jessie tritt in die Fußstapfen ihrer Mutter. Auch für sie ist es wichtiger, hier und jetzt Bestätigung vom männlichen Geschlecht zu bekommen, als in ihre Zukunft zu investieren. Sie geht zwar noch zur Schule und will den erweiterten Hauptschulabschluss machen, aber ob sie es schafft, ist fraglich. Zurzeit geht sie immerhin in die Schule. Allerdings gibt es auch Phasen, in denen sie ihre Schule komplett vergisst, und zwar immer dann, wenn sie sich neu verliebt hat, und das kam in den vergangenen drei Jahren sehr oft vor.

> Jessie erzählt freizügig:
> „Ich habe schon mit 51 Jungs geschlafen."

Sowohl Mutter als auch Tochter wechseln ständig ihre Partner. Wie viele Männer in den vergangenen Jahren für einen Tag oder sogar länger bei den beiden „gewohnt" haben, das können sie heute nur schätzen. Es waren wohl einige Hundert. Jessie erzählt freizügig: „Ich habe schon mit 51 Jungs geschlafen."

Jessie war 12 Jahre alt, als sie zum ersten Mal mit einem Jungen geschlafen hat. „Der war voll süß und nur ein Jahr älter als ich", erinnert sie sich. Die beiden kannten sich aus der Schule. Mario, so hieß der Junge, saß für einige Wochen in der Klasse neben ihr, musste dann aber die Schule wechseln, weil er auf der Schultoilette Sex mit einem anderen Mädchen aus seiner Klasse gehabt hatte. Jessie schwärmt aber noch heute von ihrem ersten Mal. „Es war sehr schön. Ich wollte es auch ganz früh, weil ich immer gelesen habe, dass das erste Mal fast nie schön ist für ein Mädchen. So steht es oft in der *Bravo*."

Heute braucht Jessie Sex wie die Luft zum Atmen. Wenn sie drei oder vier Tage keinen Verkehr hatte, sucht sie sich einen Jungen, mit dem sie schon einmal im Bett war. Etwas ist ihr aber wichtig: „Ich könnte nie mit einem Mann schlafen, der älter ist als 25", sagt sie. Auch ihre Mutter steht auf junge Männer. Sie hatte sogar schon einige Exfreunde von ihrer Tochter im Bett, findet das aber völlig normal. „Wenn meine Tochter nicht mehr mit denen zusammen ist, warum soll ich die dann nicht flachlegen?", meint sie.

Mutter und Tochter hatten sogar schon einmal zusammen Sex mit zwei Jungs von 15 und 17 Jahren. Das hatten die beiden einmal in einem Porno gesehen und wollten es nun selbst ausprobieren. „Das war übrigens nicht meine Idee", beteuert die Mutter, „sondern die von Jessie, und der hat das richtig Bock gemacht." Beide, Mutter und Tochter, schliefen jeweils mit beiden der Jungs – ohne jeglichen Schutz vor einer Schwangerschaft oder vor Krankheiten. „Ich kenne die Jungs aus meiner Clique, die hatten beide bisher nur zwei Mädchen", erzählt Jessie naiv. Auch sonst schützt sie sich nicht beim Sex. „Die Pille vergesse ich sowieso zu nehmen. Was soll's? Ein Kind ziehen wir auch noch groß."

Kürzlich unterhielt Jessie sich in der Arche mit einem Mädchen, das mit 17 noch Jungfrau war. Jessie konnte das kaum glauben. „Nachher ist die 'ne alte Schachtel und hatte noch nie Sex!", meinte sie. Jessie kann nicht nachvollziehen, dass es Leute gibt, die Sex und Liebe nicht voneinander trennen können.

Jessies Mutter vertraute kürzlich einem Pädagogen an, sie sei nymphoman. Das kann man inzwischen wohl auch von Jessie sagen.

Nach den Erfahrungen, die wir in der Arche machen, ist davon auszugehen, dass Mutter und Tochter sicher in absehbarer Zeit schwanger werden. Aber im Moment ist davon noch nicht die Rede.

Benny

Benny ist 15 Jahre alt, sieht aber eher aus wie 13. Er ist ein typischer Junge aus dem Kiez. Die Schirmmütze cool ins Gesicht gezogen, die Jeans in die weißen Socken gerollt, ein T-Shirt oben drüber. Vor allem zeichnet ihn aber seine große Klappe aus. Er erzählt auch gerne einmal, was er so „draufhat" – auch im Bett. Ich erinnere mich da an ein Ereignis vor rund einem Jahr ...

*

Benny stürmt in die Arche, vorbei an den Mitarbeitern, wobei er jeden Einzelnen von uns abklatscht. Er ist gut drauf heute.

Bei ihm ist Jasmin. Sie ist 15, sieht allerdings schon älter aus. Sie ist über einen Kopf größer als Benny. Das Mädchen ist aufgestylt und ein Blickfang für alle pubertierenden Jungs.

Irgendwie geben die beiden ein seltsames Bild ab. Benny wirkt wie ein kleiner Junge, Jasmin wie eine junge Frau – allerdings ein wenig billig zurechtgemacht. Die beiden albern herum, lachen, tuscheln.

„Was ist los?", frage ich die beiden.

Benny grinst breit. „Jestern is es passiert, wa", erklärt er. „Alter, ick habe jestern meine erste Alte flachgelegt."

Ich bin geschockt. Vor mir steht ein Kind, ein Junge, von dem man erwarten könnte, dass er noch mit Matchboxautos spielt, und erzählt mir, dass er Sex hatte.

Neben mir steht Wolfgang. Auch er kann nicht glauben, was er da hört. Er bekommt seinen Mund nicht zu.

Benny greift in die Tasche, holt so etwas wie eine Brieftasche hervor und zieht ein Foto heraus. Darauf zu sehen ist ein Mädchen, so zwischen 14 und 16. Es hat lange blonde Haare und ein hübsches Gesicht.

„Wie alt ist die denn?", höre ich Wolfgang fragen.

„17 Jahre. Die kann mir noch 'ne Menge beibringen."

Man kann sich nur schwer vorstellen, was ein Mädchen von 17 Jahren daran reizt, mit einem noch so kindlich wirkenden Jungen zu schlafen. Doch eine solche Konstellation ist nichts Ungewöhnliches. Bei den Jugendlichen im Kiez scheint das Alter nebensächlich zu sein. Die Altersspanne in den verschiedenen Cliquen reicht oft von zwölf Jahren bis Mitte 20.

Mir ist sofort klar, dass der Junge die Wahrheit sagt. Wolfgang jedoch nimmt Benny nicht für voll. „Hör auf rumzuspinnen", höre ich ihn sagen.

Benny redet auf Wolfgang ein. Der Junge will ihn davon überzeugen, dass er tatsächlich der tolle Hecht ist, für den er sich hält. Doch es will ihm nicht so recht gelingen.

Einen Tag später ruft Wolfgang mich abends auf dem Handy an. Er hatte gerade ein Gespräch mit Bennys Mutter gehabt und will mir davon erzählen. Ich fahre gerade mit meinem Wagen durch die Hamburger

Innenstadt. Es regnet und windet und ich muss mich voll auf den Verkehr konzentrieren. Ich schalte also die Freisprechanlage an und höre zu.

Bennys Mutter war heute in der Arche aufgetaucht, um Wolfgang zur Rede zu stellen. Sie wollte von ihm wissen, warum er denn ihrem Sohn nicht glauben würde.

Wolfgang wusste im ersten Moment überhaupt nicht, wovon sie redete. Dann fiel bei ihm der Groschen.

„Wenn mein Junge sagt, dass er mit dem Mädchen geschlafen hat, dann stimmt das auch", erklärte die Frau. Sie sagte, sie selbst könne das bezeugen. Immerhin habe sie das Ganze mitbekommen. In der kleinen Dreizimmerwohnung ließ sich das wohl auch nicht vermeiden. Dreimal habe ihr Sohn es gemacht, erzählte die Frau stolz. Später haben sie dann alle zusammen im Wohnzimmer der Familie gesessen und auf Bennys neue Lebensphase angestoßen. Die Freundin, besser Bettgenossin des Jungen, hatte schon einiges an Erfahrungen gesammelt, wie sie der Mutter bei der Gelegenheit freizügig mitteilte. Sie hatte auch kein Problem damit, sie und Benny in Einzelheiten ihrer erotischen Erlebnisse einzuweihen. Die Mutter fand nichts Anstößiges an ihrem Verhalten und erst recht nicht daran, dass ihr 14-jähriger Sohn gerade mit dem Mädchen Sex hatte. „Wenn die beiden Bock aufeinander haben – warum nicht? Dann sollen sie halt poppen", meinte sie. „Die

Die Mutter fand nichts Anstößiges daran, dass ihr 14-jähriger Sohn gerade mit dem Mädchen Sex hatte. „Wenn die beiden Bock aufeinander haben – warum nicht? Dann sollen sie halt poppen", meinte sie.

einen fangen halt früh an, die anderen später. Wo ist das Problem?"

*

Benny ist heute natürlich nicht mehr mit dem Mädchen zusammen.

Auch heute, knapp ein Jahr später, sieht er noch immer aus wie ein kleiner Junge. Er fühlt sich aber wie ein richtiger Mann!

Es ist nicht untypisch, dass Eltern – wie die Mutter von Benny – ihre Kinder zu sexuellen Praktiken motivieren oder die Tatsache, dass die Kinder schon sexuellen Verkehr haben, einfach akzeptieren. Immer wieder bekommen wir mit, wie vor allem Eltern aus sozialen Brennpunkten ihre Kinder ermutigen, so viel wie möglich im Leben „mitzunehmen" – und damit meinen sie auch – und besonders – den sexuellen Bereich. „Sonst hätte das Leben ja nur wenig zu bieten", ist die Begründung dieser Eltern. Viele Kinder stehen damit allerdings unter einem gewaltigen Druck. Sie wollen ihren Eltern beweisen, dass sie, wenn sie auch sonst nicht viel Erfolg haben, doch „wenigstens" Sex haben können.

Aileen

Aileen ist happy. Seit ein paar Tagen hat sie einen neuen Freund. Das ist es, was im Moment zählt. Alles andere ist da nebensächlich – auch die Schule. Aileen geht auf die Hauptschule – wenn sie denn geht. Ihr Notendurchschnitt liegt bei 4,0. Aber was soll's? „Jungs sind mir wichtiger als die Schule", sagt sie und grinst. „Da habe ich eine Eins."

Die Wichtigkeit des Faches „Jungs" hat ihr die Mutter lange vorgelebt. Bis vor fünf Jahren hat die Frau ihre Liebhaber fast monatlich gewechselt. Immer wieder stellte sie Aileen und ihren beiden jüngeren Schwestern einen neuen „Papa" vor. „Vater" – mit diesem Begriff können die Mädchen nicht viel anfangen. Aileens leiblicher Vater ist schon lange weg. Sie hat ihn nie kennengelernt. Er wollte nichts von seiner eigenen Tochter wissen. Sie war in seinen Augen nichts weiter als ein Unfall.

Seit mehr als vier Jahren hat Aileens Mutter nun einen festen Freund. Dieser ist erst 22 – bald 20 Jahre jünger als sie – und Berufssoldat. Die Mutter bekommt Hartz IV. Schon seit vielen Jahren lebt sie von sogenannten Transferleistungen. Oft sitzen sie und ihr Freund einfach nur in der kleinen Plattenbauwohnung und trinken Alkohol oder konsumieren Drogen, harte Drogen.

31

Die Wohnung ist zugemüllt, und in diesem Zustand ist sie nicht erst seit Kurzem. Aileen ist so groß geworden. Schon vor einigen Jahren beanstandete das Jugendamt den Zustand der Wohnung. Das Geschirr lag ungespült und verkrustet auf der Anrichte. Im Sommer wurden unzählige Fliegen davon angezogen. Auch das Wohnzimmer und das Kinderzimmer waren verdreckt. Das Jugendamt forderte, dass sich dieser Zustand änderte, und kündigte regelmäßige, aber spontane Kontrollen an. Von da an musste Aileen täglich die Wohnung aufräumen. Sah es hinterher nicht so aus, wie die Mutter es wollte, setzte es Hiebe. Auch der Abwasch lag im Zuständigkeitsbereich des Mädchens. Außerdem musste Aileen für den Einkauf sorgen. Ihre Geschwister waren für diese Tätigkeiten noch zu klein. Der Haushalt war der Mutter an sich egal – und ist es auch heute noch. Ihr ging es nur darum, keinen weiteren Ärger mit dem Jugendamt zu haben. Die Frau hatte immer schon andere Prioritäten.

Partys, betrunkene Gäste, Drogen und nicht selten auch sexuelle Handlungen der Besucher untereinander – damit ist Aileen aufgewachsen. Einmal musste Aileen sogar mit ihrer Mutter und einem von deren Freunden zusammen ins Bett. Da war das Mädchen gerade einmal 11 Jahre alt. Der Dreier mit der eigenen Mutter hat Aileen keinen Spaß gemacht, so berichtet sie heute relativ nüchtern. Geekelt hat sie sich aber auch nicht, sie hatte der Mutter ja schon oft beim Sex zugeschaut.

Ihr „erstes Mal" hatte sie erst einige Wochen zuvor gehabt. „Er war 19 und so niedlich", schwärmt das

Mädchen noch heute. Die beiden kannten sich gerade erst fünf Tage. Es „passierte" in ihrem Zimmer. Die Mutter wusste Bescheid, aber sie hatte nichts dagegen.

Das Ganze ging nicht gerade reibungslos vonstatten. Der Junge – Aileen hat den Namen inzwischen vergessen – hatte gewisse „Anlaufschwierigkeiten". Dann, beim dritten oder vierten Mal, klappte es endlich. Aileen erinnert sich: „Es tat sehr weh und hat bis zum nächsten Tag geblutet." Verhütet haben sie nicht, ihr Freund wusste ja, dass Aileen noch Jungfrau war, und er war sich sicher, dass da nichts passieren könnte.

Die beiden blieben rund drei Wochen zusammen. In dieser Zeit hatten sie jeden Tag Sex. Einmal schaute die Mutter von Aileen sogar zu. Die Tür zum Kinderzimmer war ja auch nur angelehnt. Aileen machte es nicht wirklich etwas aus, dass ihre Mutter fast daneben stand. So etwas wie Privatsphäre hatte es in diesem Haushalt ja ohnehin nie gegeben. Ihr Freund erzählte ihr später, dass die Anwesenheit der Mutter bei ihm eine Gänsehaut hervorgerufen habe.

> So etwas wie Privatsphäre hatte es in diesem Haushalt nie gegeben.

Er schlug Aileen später sogar vor, mit der Mutter zusammen einen Dreier zu machen. Das allerdings wollte Aileen dann doch nicht. „Mama hätte es vielleicht gemacht", meint sie.

In den Wochen und Monaten darauf schlief Aileen mit rund 50 Jungs, erzählt sie. Sie wurde zum „Geheimtipp" in der Nachbarschaft. Der älteste ihrer Sexualpartner war so um die 25, der jüngste war so alt wie sie. Einmal war sie auch mit zwei Jungs gleichzeitig intim. Das hat ihr aber wenig Spaß gemacht.

Diesen Lebensstil behielt sie für die nächsten Jahre bei. Dann blieb plötzlich die Regel aus. Aileens Mutter kaufte einen Schwangerschaftstest für das Mädchen, der die Befürchtung bestätigte: Aileen erwartete ein Kind. Die Mutter riet ihr zu einer Abtreibung – immerhin war sie gerade einmal 15 – und sie gehorchte. Diese Entscheidung bereut sie aber bis heute.

> Die Mutter riet ihr zu einer Abtreibung – immerhin war sie gerade einmal 15 – und sie gehorchte. Diese Entscheidung bereut sie aber bis heute.

Das Verhältnis zu ihrer Mutter ist inzwischen ohnehin ziemlich getrübt. Ihr ist es peinlich, wie die Frau sich verhält. In den letzten Jahren hat sie sich an immer jüngere Männer rangemacht, je älter sie selbst wurde. Immer dann, wenn ihr Freund bei der Bundeswehr war, vergnügte sie sich mit Jungs im Alter ihrer Tochter. Oft hat Aileen schon von ihren Freunden gehört, ihre Mutter sei eine Rakete im Bett. Viele der Jungs hatten sowohl mit der Tochter als auch mit der Mutter Sex, wenn auch nicht zur gleichen Zeit.

Die Frau ist zurzeit übrigens mit ihrem vierten Kind schwanger.

*

Aileen hat heute mit ihren 16 Jahren noch keinen Plan für ihr Leben. Die Schule hat sie mit Ach und Krach geschafft. Einen Ausbildungsplatz hat sie allerdings nicht gefunden. Da hilft ihre Eins im Fach „Jungs" auch nicht.

Noch immer wechselt sie ihre Freunde regelmäßig. Jetzt will sie ein Kind. Von wem, ist ihr egal. Was dann kommt, weiß keiner ...

Sarah & Anne

Anne und Sarah waren ca. 6 Jahre alt, als sie ein erstes mal aufeinandertrafen. Für Sarah war es Liebe auf den ersten Blick, doch Anne war es in Sarahs Umgebung immer etwas unwohl zumute. Doch nach einigen Anlaufversuchen hat es dann auch bei diesen beiden gefunkt. Es folgte eine Berg- und Talfahrt der Gefühle bis schließlich 2002 getrennte Wege gingen. Beiden ging es nach dieser Trennung scheinbar gut, doch die Wiedervereinigung der Gefühle konnte 2003 dennoch nicht verhindert werden.

Anne und Sarah führen nun eine innige Beziehung, die auf Vertrauen, genauso aber auch auf einer großen Portion Spaß basiert...

Hendrik

Hendrik ist 18 Jahre alt. Er trägt schwarze Rastalocken und darüber, modisch gebunden, ein Piratentuch in bunten Farben. Er ist ungefähr 1,80 Meter groß. Auf seinem Arm hat der Junge seit einigen Wochen eine bunte Tätowierung. Was genau sie darstellt, ist schwer zu sagen. Irgendwie sieht es aus wie eine Kampfszene zwischen Piraten und Seeleuten. Auch seinen linken Unterschenkel ziert ein Tattoo, ein Totenkopf. Seine Fingernägel sind schwarz lackiert.

Hendrik kommt aus schwierigen Verhältnissen. Er hat noch einen Halbbruder, der ein Jahr jünger ist als er. Igor, so heißt der Bruder, ist bereits Vater eines knapp einjährigen Jungen, der mit in der kleinen Familie lebt. Igors Exfreundin wollte das Kind nicht, da hat sich die Mutter der beiden Jungs entschieden, es aufzunehmen. Sie hatte ein Jahr vorher ihren Job verloren und nur wenig Hoffnung, noch einmal eine neue Arbeitsstelle zu finden. Igor kümmert sich kaum um seinen Sohn. Stattdessen treibt er sich lieber mit seinen Freunden herum und dreht krumme Dinger. Ständig hat er Ärger mit der Polizei.

Man kann nicht gerade behaupten, dass die beiden Jungs eine behütete Kindheit hatten. Geborgenheit ist ein Fremdwort für sie. Echtes Familienleben gab es nie.

Der Vater der beiden Jungs verließ die Familie schon wenige Monate nach der Geburt von Igor, weil er eine neue Frau kennengelernt hatte. Die Mutter arbeitete, um den Lebensunterhalt zu verdienen, bei einem privaten Sicherheitsdienst, bei dem sie nicht einmal vier Euro in der Stunde verdiente, sodass sie viele Überstunden machen musste, um die Kinder und sich einigermaßen über die Runden zu bringen. Aus diesem Grund waren die beiden Jungs fast immer allein zu Hause.

Zu ihrem leiblichen Vater haben Hendrik und sein Bruder keinen Kontakt mehr. Die Mutter brachte nach der Trennung von ihrem Mann aber ständig wechselnde Partner mit nach Hause, doch keiner blieb länger als ein paar Wochen in der Familie. Wenn sie wieder einmal einen „Lover" hatte, holte sie sich mit diesem gerne einmal Sextipps aus dem Internet, um diese dann direkt im Anschluss auszuprobieren. Natürlich bekamen die Jungs in der kleinen Dreizimmerwohnung alles mit.

Hendrik erzählt: „Mein Bruder und ich schauten auch schon mal in der History des Browsers nach, auf welchen Seiten meine Mutter und ihre Lover gewesen waren. So haben wir uns schon mit ungefähr 10 Jahren die ganzen Sexseiten angeguckt. War voll geil."

Die Mutter hatte darüber hinaus zu Hause eine umfangreiche Pornosammlung, die leicht zugänglich war. So schauten sich die Jungs schon in jungen Jahren zusammen Pornofilme an, wenn ihnen danach war.

Als Hendrik 16 Jahre alt war, brachte er einmal einen ein Jahr älteren Freund aus der Schule mit nach

Hause. „Der hat sich voll in meine Ma verguckt und eine Stunde später waren die beiden im Bett", berichtet der Junge. Anfangs war Hendrik die Sache peinlich. Nach und nach gefiel ihm aber der Gedanke, dass einer seiner Freunde scharf auf seine Mutter war. „Warum auch nicht? Nicht jeder hat so eine geile Ma." Die Mutter und ihr junger Freund hatten noch einige Male Sex miteinander und immer waren die beiden Brüder mit in der Wohnung. Hendrik erinnert sich: „Wir haben zwar nicht ins Schlafzimmer geguckt, aber gehört haben wir die schon ganz deutlich. War'n komisches Gefühl. Einmal habe ich die beiden sogar im Bad überrascht; sie waren splitternackt. Meine Ma hat nur gegrinst."

Einmal in den Ferien blieb der junge Liebhaber der Mutter auch über Nacht. Hendrik und sein Bruder hörten aus dem Schlafzimmer ihrer Mutter eindeutige Geräusche. „Irgendwie hat uns der Lärm aus dem Schlafzimmer geil gemacht", erinnert sich Hendrik. Igor ging ins Wohnzimmer und holte einen Porno aus dem Schrank, den die beiden dann zusammen ansahen. „Der war irgendwie grottenschlecht, aber mein Bruder und ich haben uns dabei einen runtergeholt."

Danach haben die beiden Brüder sich über den „billigen Streifen" unterhalten und dabei den Entschluss gefasst, selbst einmal einen Porno zu drehen. Hendrik hat inzwischen sogar mit einer Produktionsgesellschaft gesprochen. Sein Bruder will auch mitmachen, sobald er 18 ist. „Das ist in drei Monaten." Die Brüder sehen sich sehr ähnlich und dafür gibt es eine Marktlücke, wie man Hendrik wohl erzählt hat.

Die Jungs wollen sich von ihrem Entschluss nicht abbringen lassen. „Warum auch nicht?", meint Hendrik. „Ist immer noch besser, als auf dem Bau zu arbeiten. Und du hast immer geile Frauen und kriegst auch noch Kohle; am Tag 200 Euro für jeden."

Dass die Jungen als Pornodarsteller „jobben" wollen, findet auch die Mutter okay. „Ich werde mir den Film auf alle Fälle ansehen. Mal sehen, wie meine Jungs als Filmstars so rüberkommen. Irgendwie bin ich stolz auf die beiden." Im Grunde hofft die Mutter einfach darauf, dass Hendrik und Igor ihr nicht mehr auf der Tasche liegen, wenn sie erst einmal ihr eigenes Geld mit den Filmen verdienen.

Ihre Schule haben die Geschwister mit dem Hauptschulabschluss beendet, doch beide wissen, dass 50 Prozent aller Hauptschüler auch nach einem Jahr noch keinen Ausbildungsplatz gefunden haben, deshalb hat sich weder Hendrik noch Igor überhaupt um irgendeinen Job beworben.

> Als Hendrik 16 Jahre alt war, brachte er einmal einen ein Jahr älteren Freund aus der Schule mit nach Hause. „Der hat sich voll in meine Ma verguckt und eine Stunde später waren die beiden im Bett", berichtet der Junge.

Ob Igor zum Dreh kommen kann, weiß er heute übrigens noch nicht. Letztens stand die Polizei vor seiner Tür und hat ihn mitgenommen. Er soll mit Drogen gehandelt haben. Wenn das stimmt, droht ihm bei seinen Vorstrafen der Jugendknast. Ob ihm noch zu helfen ist, ist schwer zu sagen. Sein kleiner Sohn hat sicher noch eine Chance, wenn die Mutter der Jungs Hilfe annimmt. Für Hendrik tut es einem sehr leid, er ist eigentlich ein ganz normaler und netter Junge. Er hatte durch seine Familie, durch seine Herkunft denkbar schlechte Startvoraussetzungen. Wäre er in anderen Umständen aufgewachsen, hätte er sicher viel mehr aus sich gemacht.

Das, was er in jungen Jahren gesehen hat, würde wohl jeden jungen Menschen prägen und sein Handeln bestimmen. Hendrik hat eine zweite Chance verdient. Ob er sie annehmen will, ist eine andere Frage. Wir wollen sie ihm jedenfalls geben. Die Hoffnung stirbt zuletzt.

Die Peepshow zu Hause

Immer wieder werden wir in unserer Arbeit mit der Tatsache konfrontiert, dass der Alltag von vielen der Kids, die die Arche besuchen, durch und durch von Sex geprägt ist. Die Kommunikation bei ihnen zu Hause verläuft oft auf einem extrem sexistischen Niveau; Mütter haben im Beisein ihrer Kinder Verkehr mit ihren Partnern; Väter oder Stiefväter – sofern vorhanden – sitzen vor dem Computer und surfen durch Sexseiten, während die Kinder daneben sitzen und spielen. Und immer wieder erzählen uns Kinder in der Arche, dass ihre Eltern mit ihnen zusammen Pornofilme ansehen. Das ist für viele Arche-Kids „ganz normal".

Als normal bezeichnet man sehr schnell das, was einen täglich umgibt, das, womit man immer wieder konfrontiert wird. Damit setzt man allerdings lediglich Realität mit Normalität gleich. Aber ist das hier richtig? Ist es wirklich normal, dass schon kleine Kinder Pornos gucken und jedes Detail aus dem Sexualleben ihrer Mütter mitbekommen? Was bedeutet das in Bezug auf die Entwicklung der Kinder, die so aufwachsen wie Jana, Benny, Aileen und viele andere?

Die ersten Lebensjahre eines Menschen sind entscheidend für sein späteres Leben. Das gilt für jeden Bereich, auch für den der Sexualität. Das heißt nicht, dass das

Kind schon früh offensiv mit Sex konfrontiert werden muss. Ganz im Gegenteil. Es muss vielmehr in diesen besonders prägenden Jahren die Fähigkeit erwerben zu lieben. Im Idealfall erlernt es diese Fähigkeit durch das Vorbild seiner Eltern. Es sieht, wie diese in Liebe und Respekt miteinander – und natürlich auch mit ihm, dem Kind – umgehen. Erst in einer späteren Lebensphase ist es fähig einzuordnen, welche Rolle Sexualität im Zusammenhang mit der Liebe spielt.

Es gibt viele, denen ein solches Vorbild nicht vergönnt ist. Kinder, die ohne einen Vater oder eine andere feste männliche Bezugsperson aufwachsen. In unserer Einrichtung lernen wir viele solcher Kinder kennen. Ihre Mütter sind oft noch sehr jung. Wenn ein Partner sie verlassen hat, wollen sie natürlich nicht allein bleiben, also suchen sie sich einen neuen. Oft fehlt aber schon bei ihnen das Verständnis von wahrer Liebe und Zuneigung, sodass diese Beziehungen selten lange halten und die Suche nach einem „Neuen" immer wieder von vorne losgeht. Die Kinder werden auf diese Weise ständig mit neuen „Vätern" konfrontiert. Partnerschaft ist für die Mütter ein ständiges Thema und die Kinder dienen als Gesprächspartner für Beziehungsgeschichten – oder gar als „Publikum", wenn der jeweils neue Lover zu Hause empfangen wird.

Wir stellen in unserer Arbeit immer wieder fest, wie „verroht" und freizügig viele Erwachsene in sozialen Brennpunkten in Bezug auf Sexualität sind. Sie kennen keine Schamgrenzen – weder bei sich selbst noch bei ihren Kindern.

Den Müttern scheint ihre prägende Rolle oft nicht bewusst zu sein. Statt erzieherische Aufgaben wahrzunehmen, sehen sie sich lieber als Freundinnen oder ältere Schwestern ihrer Kinder, tauschen sich mit ihren Töchtern über Sexualpraktiken aus und geben ihnen Tipps, wie der Mann „es" am liebsten hat, ganz nach dem Motto: Bist du als Frau bereit, alles – und das auch möglichst schnell – zu geben, hast du eine Chance, dass der Mann eine Weile bei dir bleibt.

Darüber hinaus wird vielen Mädchen durch das Vorbild ihrer Mütter suggeriert, dass ihr Wert davon abhängt, ob und wie sehr sie vom männlichen Geschlecht begehrt werden, und genau das glauben die Mütter auch oft selbst. Die Frauen wissen nicht, woher sie ihren Wert sonst beziehen sollen. Viele von ihnen sind schon seit Jahren arbeitslos; durch Sex können sie aber alle Gedanken an berufliche Perspektiven hinter sich lassen und sich aus der Welt der Vernunft und der oft lästigen Anforderungen verabschieden.

Es scheint so zu sein, dass Erwachsene aus sozialen Randschichten in sexueller Hinsicht eine deutlich niedrigere Hemmschwelle besitzen als solche aus einer intellektuellen Oberschicht. Doch die Entwicklung hin zur sexuellen Verwahrlosung macht auch vor den Kindern besser situierter Eltern nicht halt. Kinder jeder Bevölkerungsschicht werden tagtäglich im Fernsehen mit aufreizenden Sexszenen konfrontiert, sie schauen sich in unbeaufsichtigten Stunden die Pornovideos der Eltern an und können sich in zig Zeitschriften über die sexuellen Praktiken und Vorstellungen von Prominenten oder auch vom „ganz einfachen Mann" informieren. Darüber hinaus sehen sie auf Musiksendern Videos, die mit nackter Haut und eindeutigen Szenen nicht geizen. Diese wie jene Kinder stehen in der Gefahr, in sexueller

Hinsicht zu verwahrlosen. In ihnen werden durch all diese Bilder und Informationen sexuelle Bedürfnisse, die in jedem Kind schlummern, frühzeitig aktiviert.

Niemand kann so tun, als würde ihn diese Entwicklung nicht tangieren. Das Sexualverhalten ist nicht nur Ausdruck persönlicher Neigungen, sondern auch ein Spiegel der Gesellschaft. Keiner kann sich also aus der Verantwortung ziehen mit dem Argument: „Bei uns zu Hause sieht es ja anders aus." Damit ist den betroffenen Kindern nicht geholfen. Vielmehr sollten wir uns fragen, wie man dem Trend hin zur sexuellen Verwahrlosung entgegenwirken kann.

Ein erster Schritt wäre der, dass wir den Kindern und Jugendlichen in unserem Land positive Vorbilder und Ansprechpartner bieten. In der Arche arbeiten die Sozialpädagogen und alle anderen Mitarbeiter daran, dass die Kinder und Jugendlichen lernen, echte Beziehungen aufzubauen. Deshalb ist es uns sehr wichtig, dass die Kinder in unserer Einrichtung von einem festen Mitarbeiterteam betreut werden, ein ständiges Kommen und Gehen der Betreuer wird so weit wie möglich verhindert. Wir möchten den Kindern ein verlässlicher Ansprechpartner sein.

Doch die Entwicklung in den Familien der Kinder wirkt nicht gerade unterstützend für unsere Arbeit. Gerade durch das von den Eltern vorgelebte Sexualverhalten wird den Kindern vermittelt, dass es überhaupt nicht mehr um Beziehungen zwischen zwei Menschen geht. Sie erleben die Sexualität nicht auf der Grundlage echter Hingabe an einen Menschen, denn sie ist meist von der Beziehungsgestaltung zu einem anderen Menschen völlig losgelöst. Als ob eine Mauer zwischen diesen Menschen stünde. Jeder bleibt sich selbst der Nächste – trotz körperlicher Nähe. Ein „Wir" entsteht nicht. Es geschieht eigentlich etwas Bedeutungsloses.

Trotzdem – oder gerade deshalb – geben wir nicht auf. Wir wollen den Kindern ein anderes Beziehungsmuster vorleben.

... von daher, liebes Entchen, bin ich sehr froh, dich zu haben und dich meine Freundin nennen zu dürfen ...

Alex

Alex ist ein ganz normaler Junge. Er ist 16, relativ klein für sein Alter, aber recht sportlich. In der Unterlippe hat er ein kleines Piercing und auch in seiner Zunge trägt er einen kleinen Stecker, den man aber nur sieht, wenn Alex spricht. Er sitzt mir gegenüber, in modisch zerrissener Jeans und T-Shirt, um mich zu bitten, ihm bei der Suche nach einem Ausbildungsplatz zu helfen ...

*

Alex kam schon als kleiner Junge in die Arche. Damals war er froh, wenn er zu uns kommen konnte und nicht zu Hause sein musste. Er hatte eine traurige Kindheit und kam weder mit seiner Mutter noch mit seinem Stiefvater klar. Der Stiefvater trank, er hatte keinen Job und ließ seinen Frust darüber an seiner Familie aus. Immer wieder rastete er regelrecht aus. Alex' Mutter war nicht stark genug, um sich dagegen zur Wehr zu setzen, obwohl sie natürlich unter der Situation litt. Sie schuf sich einfach in ihrer Fantasie eine eigene Welt, in die sie sich flüchten konnte, wenn sie es nicht mehr aushielt. Alex half das wenig.

Als die Familie eines Tages – Alex war damals gerade 11 Jahre alt – auf dem Balkon ihrer Wohnung grillte, fiel dem Jungen ein Stück Fleisch vom Teller auf den Boden. Daraufhin drehte der Stiefvater völlig durch. Er schlug um sich und warf eine Flasche Bier nach Alex. Dieser duckte sich und die Flasche flog durch das Wohnzimmerfenster, das in tausend Stücke zerbrach. Das gab dem Stiefvater den Rest. Er lief laut brüllend hinter Alex her, der vor ihm ins Treppenhaus floh.

Eine befreundete Nachbarsfamilie wurde Zeuge des Ganzen und rief die Polizei. Diese kam zwar, ermahnte den vor Wut tobenden Mann aber lediglich. Mitnehmen konnten die Beamten ihn nicht, da ja nicht wirklich etwas vorgefallen war. Hinzu kam, dass die Mutter ihren Mann vor der Polizei auch noch in Schutz nahm. Das gab Alex den Rest und er wollte nur noch weg. Er war völlig außer sich und konnte sich gar nicht mehr beruhigen.

Die Nachbarin brachte den weinenden Jungen schließlich zum Kindernotdienst, wo er für ein paar Tage bleiben konnte. Da er auf keinen Fall zurück nach Hause wollte, wurde er anschließend in einer Pflegefamilie untergebracht. Doch auch hier traf er es nicht gerade gut. Auch in dieser Familie gab es statt Geborgenheit und Liebe nur Strenge und Schläge.

Als Alex 14 war, hatte das zuständige Jugendamt Erbarmen, und der Junge kam in ein Heim. Zwei Jahre später schaffte er einen ordentlichen Realschulabschluss.

Nun sitzt er vor mir und hofft, dass wir ihm einen Ausbildungsplatz besorgen können. Da wir ihn in den vergangenen Jahren, seit er von zu Hause weg ist, etwas aus den Augen verloren haben, erzählt er uns ein bisschen von sich und davon, wie es ihm in dieser Zeit ergangen ist – auch in Sachen „Liebe" ...

*

Aufgrund seiner unglücklichen familiären Situation sehnte Alex sich immer nach Liebe, körperlicher Nähe und dem Gefühl von Geborgenheit, erzählt er.

Mit 13 Jahren lernte der Junge in der Schule seine erste Freundin kennen. Das Mädchen war ein Jahr älter als er, war einmal sitzengeblieben und in seiner Stufe „gelandet". Fünf Wochen nach Schuljahresbeginn fuhr ihre Klasse für ein paar Tage nach Neuruppin, einem Ort in Brandenburg. An einem Nachmittag gingen Alex und Bettina, so hieß das Mädchen, zusammen an einem See schwimmen. Es war ein warmer Sommertag und die beiden sonnten sich auf einer mitgebrachten Decke am Ufer. Und dann passierte „es" irgendwie.

Alex war natürlich unerfahren und sehr nervös, doch Bettina zeigte ihm, was er zu machen hatte. Dem Jungen gefiel das.

Nach einigen Sekunden waren sie schon fertig, aber Alex fühlte sich wie neugeboren. Er war jetzt ein Mann.

Als irgendwann ein älteres Ehepaar vorbeikam, suchten sich die beiden Kinder ein neues, einsames Plätzchen auf der anderen Seite des Sees, wo sie sich unbeobachtet fühlten. Dort legten sie noch einmal los. „Sie hat meine Hand genommen und mir gezeigt, was ich bei ihr machen soll. Das finde ich heute noch geil. Die Frauen müssen sagen, wo es langgeht."

Die beiden blieben ein Jahr zusammen und probierten alles aus, was es gibt, das jedenfalls sagt Alex. Die Anregungen holten sie sich aus Pornofilmen. „Wir haben aber auch gar nichts ausgelassen, was wir da so gesehen haben", prahlt der Junge. „Ich bin in dieser Zeit aber auch viermal fremdgegangen, das hat mich richtig angeturnt", sagt der Junge.

Seit dieser Zeit hatte Alex keine feste Freundin mehr. „Aber ich habe jede Woche zwei oder drei Mädchen", erklärt er grinsend. Mit rund 80 Mädchen will Alex Sex gehabt haben, und das mit gerade einmal 16 Jahren. Verhütung kommt für ihn nicht infrage. Warum auch? An Krankheiten denkt er nicht. „Ich sehe es Frauen an, wenn sie was haben", meint er. Und dann erzählt er lässig weiter: „Viele Frauen, mit denen ich was hatte, habe ich nicht mal geküsst, wir haben gleich gef..." Allerdings gesteht er: „Wenn ich mit 'ner Alten penne, muss ich mir vorher immer 'nen Porno angucken. Nur das macht mich geil. Dann ab ins Auto oder ins Kino – wo auch immer, nur nicht in der eigenen Wohnung." Alex sagt, dass er nur an ungewöhnlichen Orten mit Mädchen Sex haben kann. „Im Bett ist es scheiße", erklärt er.

> Aufgrund seiner unglücklichen familiären Situation sehnte Alex sich immer nach Liebe, körperlicher Nähe und dem Gefühl von Geborgenheit, erzählt er.

Übrigens: Keins der Mädchen, mit denen er schläft, bekommt von ihm seine Handynummer. Dann können sie ihn auch nicht finden, so ist seine Logik. „Bisher hat das immer funktioniert", sagt er.

Wann kommt die Richtige? Das kann er nicht erklären. „Sie kommt, wenn sie kommt."

Für Alex hat Sex wenig mit Gefühlen zu tun. Er befreit sich durch sexuelle Befriedigung lediglich von seinem inneren Druck. Gedankenlos ohne Verhütungsmittel Verkehr zu haben und den Partner nur als Mittel zum Zweck zu benutzen hat natürlich dauerhafte Konsequenzen. Alex wird es einmal sehr schwer haben, eine echte Beziehung aufzubauen. In seiner Kindheit wurde einiges in seinem Inneren zerstört, und das hat Auswirkungen auf sein heutiges Verhalten – auch in dem, wie er sich seinen Partnerinnen gegenüber verhält. Er wird noch viele Gespräche und echte Freunde brauchen, bis seine Verletzungen heilen können.

Wir helfen Alex jetzt, eine Lehrstelle zu bekommen. Er ist zumindest sehr zielstrebig. Seine Mutter sucht wieder den Kontakt zu ihm. Sie hat sich vor wenigen Monaten von ihrem Mann getrennt. Für Alex kommt dieser Schritt zu spät. Er will seine Mutter im Moment nicht sehen.

Michael

Michael ist 17 Jahre alt. Er ist sehr groß und sein kahl geschorener Kopf ist braun gebrannt von der Sommersonne. Der schlaksige junge Mann trägt ein modisches Piercing über seinem linken Auge und auch in seiner Unterlippe hat er einen silbernen Ring.

Heute ist Michael mit seiner aktuellen Freundin in der Arche. Sie sitzen im Esssaal. Lässig legt er seinen Arm um die Schulter seiner „Braut", wie er das Mädchen nennt. Isabel ist sicher nicht älter als 14 Jahre. Sie trägt ein T-Shirt und einen kurzen Minirock, mit dem sie ihre langen braun gebrannten Beine zur Schau trägt.

Auch Michaels Mutter Claudia ist heute mit in der Arche. Claudia ist 35 Jahre alt. Sie ist eine attraktive Frau. Sie war immer schon der Schwarm aller Männer – das erzählt sie oft und gerne. „Das ging schon in der dritten Klasse los", sagt sie, „da wollten alle mit mir gehen." Mit wie vielen Männern sie bis heute zusammen war, kann sie nicht einmal mehr schätzen. Jedenfalls sind alle ihre fünf Kinder von unterschiedlichen Männern. Keiner blieb länger als zwei Jahre bei ihr. Warum das so ist, kann sie sich nicht erklären. Aber in ihren Beziehungen spielte Sex immer die größte Rolle, und „der Sex wird ja langweilig, wenn man länger als 'n Jahr mit einem Mann zusammen ist", so sagt sie.

Schon mit 17 Jahren wusste Claudia nicht mehr, mit wie vielen Männern sie bereits im Bett war. „Das ging immer ganz schnell. Wenn ich einen Jungen cool fand, wollte ich sofort mit ihm schlafen. An welchem Ort das war, war mir damals vollkommen gleichgültig – das ist heute eigentlich nicht anders." Sie grinst. „Das ist bei Michi genauso. Der treibt es an den unmöglichsten Stellen: im Auto oder im Kino. Das hat er von mir. Neulich hat ihn sogar die Polizei erwischt, da haben sie es im Freibad gemacht."

> In Sachen Sex hat die Mutter nur wenig Hemmungen. Sie redet gerne darüber, auch uns gegenüber. Nicht einmal vor ihren Kindern kennt sie da Grenzen.

Michael bekommt einen roten Kopf. „Mama, halt deine Klappe", sagt er nur. Eigentlich hat er kein Problem, über seine Erfahrungen in Bezug auf Sex zu reden. Aber dass seine Mutter so etwas ausplaudert – und dann auch noch vor seiner aktuellen „Braut" –, das ist ihm doch ein bisschen peinlich.

In Sachen Sex hat die Mutter nur wenig Hemmungen. Sie redet gerne darüber, auch uns gegenüber. Nicht einmal vor ihren Kindern kennt sie da Grenzen. Diese haben ihr Sexleben hautnah mitbekommen und mit Pornofilmen sind sie praktisch aufgewachsen. Michael hat uns schon öfters erzählt, dass er bereits mit 8 oder 9 Jahren zusammen mit seiner Mutter diese Filme angeguckt hat.

Einmal haben ein Freund und er sich vor einem Sexfilm aus der Sammlung seiner Mutter selbst befriedigt. Claudia hatte den beiden dabei heimlich zugeguckt und es den beiden Jungs später auch gesagt. Dem Freund von Michael war das peinlich, doch er selbst hatte nur mit den Schultern gezuckt. Er kannte es nicht anders. Alles, was mit Sex zu tun hatte, war für ihn alltäglich; er war damit aufgewachsen.

Genauso normal ist es für ihn, dass eine Beziehung nicht von Dauer ist. Er ist fast schon genauso beziehungsunfähig wie seine Mutter, obwohl er noch so jung ist. Der Junge war noch nie länger als zwei Wochen mit einem Mädchen zusammen. Auch er hat seine Freundinnen, wie er es uns erzählt, nicht gezählt. „Ich hatte schon viele in der Kiste, fast an jedem Wochenende zwei oder drei." Die meisten „seiner" Mädchen lernt Michael auf den „Homepartys" kennen, wo er gerne auch reichlich Alkohol und Drogen konsumiert. Und er ist durchaus auch experimentierfreudig. Kürzlich hat er erzählt, dass er gerne einmal einen Dreier machen würde.

Michael hat vor einigen Wochen seine Schule mit einem erweiterten Hauptschulabschluss beendet. Einen Ausbildungsplatz hat er noch nicht gefunden. „Auf so 'ne langweilige Kacke hab ich keenen Bock."

Aber Michael hat Träume: „Später einmal will ich eine Familie, so eine ganz normale." Er wünscht sich eine Frau, Kinder, eine tolle Wohnung und ein Auto. Seine Mutter grinst. Sie blickt ihren Sohn an und sagt, er solle aufhören zu spinnen. „Dat is wat für die anderen", sagt sie. Die Frau steht auf und geht. Dabei sieht man, dass sich unter ihrem T-Shirt ein Babybauch wölbt. Sie ist wieder schwanger – mit ihrem sechsten Kind.

Fanny

Fanny ist 16 Jahre alt. Sie ist mittelgroß und trägt eine typische Jungenfrisur, wenn man das heute überhaupt noch so nennen kann. Sie kommt regelmäßig in die Arche, um sich mit ihrer Clique zu treffen.

In einem Punkt ist Fanny anders als ihre gleichaltrigen Freundinnen: Sie hat noch nie Sex gehabt.

Wie oft haben die anderen schon darüber gesprochen, wenn sie zusammen in der Arche oder im Jugendcafé abhingen! Ihre Freundinnen gehen spätestens am zweiten Tag mit ihren „Neuen" ins Bett. „Das kenne ich von denen nicht anders", sagt Fanny.

Fanny wohnt noch bei ihren Eltern. Zu ihrer Mutter hat sie ein sehr gutes Verhältnis. „Meine Mutter ist meine beste Freundin", erklärt sie. „Ihr erzähle ich alles." Nur in einem will sie anders sein als die Mutter: „Ich möchte nie so viel arbeiten wie sie." Die Mutter ist Putzfrau und arbeitet oft Tag und Nacht, um über die Runden zu kommen. Fanny geht dann in die Arche oder zu Freunden.

Das Mädchen hat einen älteren Bruder, mit dem es sich bis vor Kurzem das Zimmer geteilt hat. Dadurch hat Fanny praktisch alles mitbekommen, was bei ihm abging – auch im Bett. Der Bruder scheiterte schon früh in der Schule, er hatte ein großes Alkohol- und

Drogenproblem. „Er hat so ziemlich alles genommen, was man sich vorstellen kann – außer Spritzen", so Fanny. Mittlerweile lebt der Junge nicht mehr zu Hause.

Auch Fanny ist nicht unbedingt ein Kind von Traurigkeit. Am Wochenende macht sie gerne Party mit ihrer Clique. Dann trinkt sie auch mal Alkohol – allerdings in Maßen. Wodka Red Bull ist ihr Lieblingsgetränk. Entweder gehen sie und ihre Freunde in die Cocktailbar oder auf eine private Party, wo es weniger kostet. Auf diesen Partys gibt es alles: Alkohol, Drogen, Sex, Gewalt. Von alldem hält Fanny allerdings nicht viel, sie will ein anderes Leben führen als ihr Bruder und ihre Freunde. Im Gegensatz zu vielen Altersgenossen hatte sie schon früh klare Vorstellungen vom Leben. Sie hat Ziele, und sie weiß, dass sie andere Prioritäten setzen muss als ihre Freunde, um diese Ziele zu erreichen. „Ich will einen Schulabschluss und eine Lehre machen, dann erst möchte ich einen Freund und irgendwann eine Familie." Den Schulabschluss hat Fanny bereits geschafft – sie hat die Schule mit der mittleren Reife verlassen. Demnächst beginnt sie eine Lehre als Industriekauffrau. Den Vertrag hat sie schon unterschrieben.

Die Jugendlichen aus ihrem Freundeskreis setzen sich eher kurzfristigere Ziele: den nächsten Kick – so bald wie möglich. Zum Beispiel durch Sex. In der Clique machen auch Pornos die Runde, erzählt Fanny. Auch darauf steht sie nicht besonders, obwohl sie sich mit ihren Freunden zusammen schon viele dieser Filme angeschaut hat. „Die anderen brauchen das, um sich heißzumachen", so das Mädchen. „Nach dem

Anschauen geht es dann auch schon mal richtig zur Sache."

Warum sind die Kids von Pornos so fasziniert?

Viele von ihnen wachsen praktisch mit diesen Filmen auf. Erst kürzlich erzählte eine Mutter von zwei Kindern, die regelmäßig in die Arche kommen, unseren Mitarbeitern freimütig, dass sie ihren 7 und 8 Jahre alten Kindern regelmäßig Pornofilme zeigt. „Ist doch nur Sex", sagte sie. Für sie ist Sex ein „Nur", nichts Besonderes.

Unzählige „unserer" Arche-Kinder wachsen so auf. Für sie gehören Pornos zum Alltag. Der DVD-Player läuft oft schon vor der Schule – vor dem Frühstück – und spielt entsprechende Filme ab. Eine Mutter, die schon lange in die Arche kommt, erzählt gerne Einzelheiten aus ihrem Privatleben. Sie hat drei Kinder, die alle von verschiedenen Männern stammen. Sie lädt regelmäßig ihre beste Freundin zu sich nach Hause ein. Die beiden setzen sich dann aufs Sofa und schieben Pornofilme in den DVD-Player, um sich zu stimulieren. Anschließend geht es bei den Frauen dann zur Sache. „Ist besser als Sex mit einem Mann", erklärt die Mutter. „Ich will kein Kind mehr. Aber ich bin wirklich nicht lesbisch." Für sie ist Sex eine tägliche Droge, ein Ersatz für viele Dinge, die sie sich nicht leisten kann. Und diese Lebensweise überträgt sich selbstverständlich auf die Kinder.

Auch viele Freunde von Fanny sind so aufgewachsen. Auch sie brauchen schon diesen Kick. Sex in einer Partnerschaft, aus Liebe, mit einem festen Partner, das kennen die meisten von ihnen nicht. „Das können die sich nicht vorstellen", erklärt Fanny. „Sex steht an erster Stelle. Wenn jemand da am ersten Tag nicht mitmachen will, dann sucht man sich halt einen anderen."

Auch Fanny hatte mit 10 Jahren ihren ersten festen Freund. Er war genauso alt wie sie. Viel haben sie aber nicht miteinander gemacht, so das Mädchen, ein wenig gestreichelt oder geküsst, aber sie waren immerhin fast ein Jahr zusammen. Dann gab es da noch einen zweiten Freund, den „Don Juan der Arche". Diese Beziehung hielt ebenfalls rund ein Jahr. Als der Junge aber mehr wollte, hat Fanny Schluss gemacht. Sie war noch nicht bereit dazu. Sie will auf den Richtigen warten, und an den hat sie Erwartungen: Er darf nicht trinken, keine Drogen nehmen und er muss einen Job haben. Sie glaubt an die ganz große Liebe und an Schmetterlinge im Bauch. Auch das gibt es unter den Jugendlichen noch.

> Erst kürzlich erzählte eine Mutter unseren Mitarbeitern freimütig, dass sie ihren 7 und 8 Jahre alten Kindern regelmäßig Pornofilme zeigt. „Ist doch nur Sex", sagte sie.

Leider gibt es nur wenige Jugendliche, die wie Fanny dem Druck von außen dauerhaft standhalten. Man will das Neue ausprobieren, einmal den „Kick" erleben, von dem andere immer erzählen. Andere Kids haben allerdings regelrecht Angst vor dieser Erfahrung. Die Freizügigkeit ihrer Freunde befremdet sie, aber sie gehen schließlich doch irgendwann mit einem Partner ins Bett, um nicht zum Außenseiter zu werden, weil sie die Einzigen sind, die „es" noch nicht getan haben. Doch Glück empfinden sie dabei in der Regel nicht; Sex wird für sie dauerhaft zur Strapaze.

Fanny wird ihren Weg gehen. Ihre Freunde hänseln sie nicht und akzeptieren ihre Einstellung. Vielleicht bewundern sie sie sogar heimlich für ihre Stärke.

Die Pornoseuche

Vor einiger Zeit gingen ein paar Mitarbeiter der Hamburger Arche mit einer Gruppe von 100 Kindern ins Kino, um dort mit ihnen einen Zeichentrickfilm anzuschauen. Die Vorstellung begann um 15:00 Uhr, also mitten am Nachmittag. Nachdem alle ihren Platz eingenommen hatten, lüftete sich der Vorhang, aus den Lautsprechern ertönte Musik und verschiedene Werbespots flimmerten über die Leinwand.

In einem dieser Spots waren zwei junge Leute zu sehen, die leidenschaftlich miteinander „zugange" waren. Es handelte sich nicht um einen Porno oder einen Erotikfilm, sondern um einen Spot gegen Aids mit damit verbundener Werbung für Kondome. Doch die Bilder dieses Filmbeitrags sprachen eine so deutliche Sprache, dass sie bei einem 6-jährigen Jungen aus der Gruppe einen so großen Eindruck hinterließen, dass er sich gar nicht mehr auf den anschließenden Zeichentrickfilm konzentrieren konnte. Noch auf dem Rückweg in unsere Einrichtung sprach das Kind im Reisebus von nichts anderem als von diesen Bildern, die wie Blitzlichter in seinem Kopf hin und her schossen. Das Kind war verunsichert, aufgewühlt.

Wir schrieben daraufhin einen Brief an den Kinobetreiber, in dem wir deutlich machten, dass wir diese

Art von Werbung zu einer Zeit, zu der Kinder das Kino besuchen – also nachmittags –, nicht für angemessen halten, und baten um Stellungnahme.

Die Antwort war nicht sehr zufriedenstellend. Man erklärte uns, dass Werbung verkauft werde und manche Spots eben zu bestimmten Uhrzeiten laufen würden; darüber habe man keine Kontrolle. Da fragt man sich doch: Wie kann es sein, dass Kinofilme eine FSK-Freigabe benötigen, die Werbung, die unmittelbar davor gezeigt wird, hingegen nicht?

Doch besonders erschreckend ist, dass viele Kinder nicht einmal zu Hause vor Bildern geschützt werden, die ihnen in ihrem Alter nur schaden. Denken wir nur an die Mutter, von der in der letzten Geschichte die Rede war – der Mutter, die kein Problem damit hat, ihren 7- und 8-jährigen Kindern Pornos zu zeigen. Selbst wenn die Eltern ihre Kinder nicht offensiv mit solchen Filmen konfrontieren, so haben viele Minderjährige zu Hause doch unbeschränkten Zugriff auf Sexfilme – sei es im Internet, auf DVD oder im Fernsehen.

Die Zeitschrift „pro" schrieb in der Ausgabe 3/2007:

„Immer weniger Eltern haben oder nehmen sich Zeit, sich ausreichend mit ihren Kindern zu beschäftigen. Viele Erwachsene schaffen es nicht mehr, als Vorbilder ihrer Kinder zu wirken. Und diese Lücke schließen die Medien, die eine neue, aber vielfach verheerende Vorbildfunktion eingenommen haben. Und weil gerade moderne Medien wie das Internet kaum Grenzen kennen und sich beinahe jeglicher Kontrolle entziehen, liefern sie auch sexuelle und pornografische Inhalte, auf die jeder Jugendliche Zugriff hat."

Mein 17-jähriger Sohn unterhielt sich vor Kurzem in unserer Einrichtung mit einem 12-jährigen Jungen. Irgendwann sagte der Junge zu ihm: „Zeig mal, was du für Musik und Videos auf deinem Handy hast."

Mein Sohn gab ihm sein Mobiltelefon.

Der Junge „durchwühlte" das Menü des Handys und fand einen kleinen Musikordner mit verschiedenen Rock- und Popliedern sowie einige Motorsportvideos.

„Ist das alles?", wollte er wissen. „Hast du keine anderen Filme auf deinem Handy?"

„Nein, warum?", gab mein Sohn überrascht zurück. „Was willst du denn sehen?"

„Na, Pornos", war die Antwort.

Mein Sohn konnte kaum glauben, was er da hörte. Der Junge erzählte ihm, das sei total angesagt. Alle seine Freunde und Klassenkameraden hätten solche Filme, und diejenigen, die sie nicht hätten, seien verklemmt und doof.

Es ist unvorstellbar, dass Kinder heute im Internet ohne Passwort und ohne Kontrolle unzählige Pornofilme anschauen und herunterladen können. Für Kinder und Jugendliche stellt es kein Problem dar, im Internet alles über Sex und Pornografie bis hin zu Hardcorevideos zu finden. Mit einem Knopfdruck können Minderjährige bei youporn.de alles anschauen, was der Pornomarkt zu bieten hat. Hier sehen sie Sexualität in all ihren Facetten: ganz „normalen" Geschlechtsverkehr, homosexuellen Verkehr, Gruppensex, Vergewaltigungsszenen, Gangbang, Sadomaso und viele weitere Formen der Pornografie – und diese Bilder bewegen sie dann in ihren Köpfen. Aber leider bleibt es nicht dabei. Innerhalb weniger Minuten sind die Filme auf die Mobiltelefone heruntergeladen und können so in null Komma nichts von Handy zu Handy übertragen werden. Oft werden diese Videoclips dann auf den Schulhöfen abgespielt und an Freunde weitergeleitet.

Professor Jakob Pastötter, Präsident der Deutschen Gesellschaft für Sozialwissenschaftliche Sexualforschung erklärte gegenüber der Zeitschrift „pro":

„Filme werden wie sportliche Übungen oder Mutproben herumgeschickt. Dabei gilt: Je härter, desto besser. Vergewaltigungen, sadistische Handlungen, Kinderpornografie – im Internet gibt es keine Schamgrenze. Und irgendwann reicht es nicht mehr, nur zuzuschauen. Dann wird ausprobiert, was die Filme zeigen."

Das ist ein Trend, der für viele in einer sexuellen Tragödie endet.

Ein Sozialpädagoge, der in einem sozialen Brennpunkt arbeitet, stellt fest, dass jugendliche Pärchen einander nicht mehr küssen und auch nicht Händchen halten. Wieso auch? Eine innere Verbindung zueinander ist nicht vorhanden. Was die Jugendlichen kennen, ist Sex. Von Liebe wissen sie nichts. Davon vermitteln ihnen die Pornos nichts. In diesen Filmen wird auch nicht geküsst, sondern man kommt gleich zur Sache.

Viele Betreuer in Berliner Jugendklubs wagen es nicht mehr, Jugendliche für längere Zeit in einem Raum allein zu lassen, weil sie befürchten müssen, bei Wiederbetreten des Zimmers die Jungs mit heruntergelassenen Hosen vorzufinden.

In einem Bericht der Basler Zeitung war zu lesen:

„Knaben einer fünften Klasse in Egerkingen (SO) kamen auf die Idee, sich auf der Schultoilette beim Oralsex zu filmen. Entgegen den Vorstellungen der Erwachsenen war ihnen das offenbar nicht peinlich, sondern sie machten es aus Spaß. Das darf nicht sein, finden Lehrer, Eltern und Behörden gleichermaßen. Fachleute klären jetzt ab, was mit den involvierten Knaben passieren soll."
(Tages-Anzeiger, 8. November 2006)

Das hätte genauso auch in Berlin, Hamburg oder München passieren können. Diese Entwicklung ist dramatisch, nicht nur aus moralischer Sicht, sondern auch in Bezug auf die seelische Gesundheit und die Zukunft der Kinder. Diese Welt der „harten" Bilder verändert ihr Denken. Übrigens betrifft das nicht nur Kinder aus der sogenannten Unterschicht, sondern eine Generation, die einem gesellschaftlichen Trend nachläuft. Die Jugendlichen kennen die Texte der Lieder von Jugendidolen wie Bushido, Aggro Berlin und Frauenarzt, die harten Sex bis hin zu Vergewaltigungen verharmlosen und beschönigen, und singen sie begeistert mit. Anschließend setzen sie deren Inhalte gleich in die Tat um. (Anm.: „Eigentlich wollten wir in diesem Buch einige dieser Songtexte veröffentlichen, doch wir sind der Überzeugung, dass wir diese Inhalte nicht wiedergeben müssen. Titel wie „Orgasmus", „Arschficksong" und „Bums mich" sprechen wohl für sich – Inhalte, die selbst 9-jährige Kinder mitsingen und ausprobieren. Einer der Rapper selbst sagt übrigens: „Ich hab einen Sohn, der soll meine Musik nicht hören.")

Es ist erschreckend, wie wenig diese Kinder und Jugendlichen über Liebe, Zärtlichkeit und Zweisamkeit wissen. Sie kennen nur den schnellen Sex. Für sie wird es schwer werden, als Erwachsene eine normale, dauerhafte Beziehung einzugehen, nach der sich die allermeisten von ihnen jedoch sehnen. Ein Kreislauf, den unser Land in Zukunft noch stärker spüren wird als jetzt schon.

Gerade aus diesem Grund müssen in der Welt der Medien, des Internets und der Werbung erhebliche Schutzfaktoren für unsere Kinder eingerichtet werden.

Die Kino- und Fernsehwerbung muss einer Altersfreigabe unterstellt werden, die Kinder gerade zu den Nachmittags- und frühen Abendstunden schützt. Das Internet braucht effektivere Schutzmechanismen für Minderjährige, gerade was Sexseiten betrifft. Allein die Möglichkeit, zwischen den beiden Angaben „Ich bin über 18" oder „Ich bin unter 18" auswählen zu können wie auf der Seite youporn.de bietet keinen Schutz, denn im Netz sind die Jugendlichen häufig älter als in der Realität.

Und was ist mit den Handys? Haben Sie sich schon einmal das Handy Ihres Kindes angeschaut? Ursprünglich waren das einmal nützliche Instrumente, mit denen man seine Kinder erreichen konnte. So etwas beruhigt ja ungemein. Dann wurden aus Mobiltelefonen mit der Zeit wahre Multimediacenter. Muss ein solches Gerät für Kinder Tausende von Funktionen haben? Warum muss ein Kind Fotos und Filme herunterladen können? Warum muss es mit dem Handy ins Internet können, wo es unbegrenzten Zugriff auf alle dort vorhandenen Daten hat? Warum kann ein Kind mit seinem Handy chatten und Kontakt zu Menschen aufnehmen, die etwas anderes von dem Kind wollen, als das Kind es selbst will?

Warum gibt es keine Handys für Kinder bis zu 16 Jahren, mit denen es telefonieren kann und nichts weiter?

Es ist höchste Zeit, dass wir uns für den Schutz unserer Kinder einsetzen!

... und auch wenn wir in jüngsten Jahren einen holperigen Weg hatten, können wir doch umso froher sein ...

Vanessa

Vanessa geht in die neunte Klasse einer Berliner Hauptschule. Sie ist 16 Jahre alt und lebt zusammen mit ihrem Bruder, ihrer Mutter und deren derzeitigem Lebensgefährten in einer Dreizimmerwohnung in einem Berliner Plattenbau. Die vier verstehen sich zurzeit ganz gut. Vanessas Mutter hat seit drei Jahren einen festen Arbeitsplatz. Sie arbeitet als Verkäuferin in einem Laden für Kinderspielzeug. Die 35-jährige Frau liebt ihren Beruf sehr und kommt auch finanziell einigermaßen über die Runden. Sie hat knapp 900 Euro netto und verdient damit mehr als viele ihrer Freundinnen. Ihr Lebenspartner arbeitet bei einem Sicherheitsdienst und steuert den einen oder anderen Euro noch dazu.

Bis vor drei Jahren verdiente Vanessas Mutter ihr Geld allerdings auf andere Art und Weise. Bevor sie ihren derzeitigen Freund kennenlernte, arbeitete sie als Go-go-Tänzerin in verschiedenen Berliner Klubs. Dreimal in der Woche tanzte sie durch die Discotheken – mal in einem Käfig, der über der Tanzfläche hing, mal mit Öl eingerieben auf einer Säule stehend. Fast immer war sie halb nackt, das half dabei, die Männer zu animieren, ihr Geld auszugeben. Oft wurde sie natürlich von den Jungs angemacht, die mehr von ihr wollten. Tatjana, so heißt die Mutter, hoffte allerdings auf die große Liebe und auf einen Mann mit viel Geld, doch die suchen ihre Frauen sicher nicht in den Berliner Klubs. Jedenfalls fand sie ihre große Liebe nicht dort.

Hin und wieder ging sie auch mit einem der Klubgäste nach Hause und verbrachte den Rest der Nacht mit ihm. In solchen Nächten entstanden auch Vanessa und ihr Bruder. Beide haben ihre Erzeuger nie kennengelernt. Stattdessen brachte die Mutter immer neue Männerbekanntschaften mit nach Hause. Oft saßen wildfremde Männer mit am Frühstückstisch, wenn die Kinder morgens in die Küche kamen. „Einmal kam ich in die Küche und Mama saß mit einem total durchgeknallten Typen nackt am Tisch", erinnert sich Vanessa. „Der war total tätowiert und hatte einen Ring in der Nase." Ein anderes Mal hatte die Mutter eine Kollegin von sich mit ihrem Freund mit nach Hause gebracht. In dieser Nacht hatte es ein starkes Gewitter gegeben und die Geschwister hatten sich in das leere Bett der Mama gelegt, weil sie Angst hatten. Als die Mutter dann mit der Freundin und deren Freund nach Hause kam, wurden die Kinder sofort zurück auf ihr Zimmer geschickt. „Dann hörten wir die ganze Nacht die Geräusche aus dem Schlafzimmer", erzählt Vanessa.

> „Dann hörten wir die ganze Nacht die Geräusche aus dem Schlafzimmer", erzählt Vanessa.

Natürlich prägte der „offenherzige" Umgang der Mutter mit dem Thema Sex die Kinder. Vanessa hatte mit 11 Jahren ihren ersten festen Freund. Mit knapp 12 Jahren schlief sie das erste Mal mit ihm. Der Junge,

Mark hieß er, war in etwa genauso alt wie sie. Die beiden kannten sich aus der Nachbarschaft. Vanessa durfte den Jungen mit auf ihr Zimmer nehmen. Ihre Mutter hatte nichts dagegen, auch nichts dagegen, dass sie mit ihm schlief. „Mama hat selbst schon mit 11 Jahren ihre Unschuld verloren", erzählt Vanessa. Das Mädchen hat seitdem mit rund 30 Jungs geschlafen. Ganz genau kann Vanessa es nicht mehr sagen, sie hat nicht mitgezählt.

Einmal, auf einer Geburtstagsparty, spielten sie und ihre Freunde Flaschendrehen. Der- oder diejenige, auf den bzw. die der Flaschenhals zeigte, musste ein Kleidungsstück ausziehen. Am Ende waren die Kids alle nackt. Schließlich kam jemand auf die Idee, dass alle Jungs die Länge ihres Gliedes messen sollten. Derjenige, der den längsten Penis hatte, durfte dann mit einem Mädchen seiner Wahl schlafen. Der „Sieger" wählte Vanessa aus, die sehr stolz darauf war, denn immerhin waren insgesamt acht Mädchen im Raum, aber er hatte sich für sie entschieden. „Ich war eindeutig die geilste von den Tussen", sagt sie. Übrigens: Auch ihr knapp 11-jähriger Bruder hat bei diesem „Spiel" mitgemacht. Natürlich waren auch Alkohol und Drogen mit im Spiel. Vanessa sagt offen: „Ich nehme öfter Drogen, so ein chemisches Zeug. Sonst würde ich ja mit den Jungs wahrscheinlich nicht ins Bett gehen. Wenn man nüchtern ist, macht man das nicht wirklich. Aber irgendwann höre ich damit wieder auf."

Noch will Vanessa ihren Lebensstil allerdings beibehalten – „bis ich so 21 Jahre alt bin", meint sie. Bis dahin will sie noch viel „Spaß haben", wie sie sagt.

Irgendwann soll dann die eigene Familie kommen: ein netter Mann, ein Haus und ein Auto, viele Kinder und ein großer Hund. „Der Mann soll dann so lange bei mir bleiben, bis ich alt und hässlich bin. Dann haut er ja eh ab." Sie denkt in diesem Punkt wie viele ihrer Freunde.

Eine lebenslange Beziehung ist für Vanessa unvorstellbar. Sie will aber ohnehin nicht alt werden. „So um die 40 oder 45, wenn keiner mehr mit mir f... will, dann mache ich den Abgang." Trotzdem ist deutlich, auch sie sehnt sich – wie so viele andere Arche-Kinder – nach der ganz großen Liebe. „Aber noch war keiner dabei, mit dem ich auch ein zweites Mal ins Bett gehen würde", vertraute das Mädchen einmal einer Pädagogin an.

> „Ich nehme öfter Drogen, so ein chemisches Zeug. Sonst würde ich ja mit den Jungs wahrscheinlich nicht ins Bett gehen. Wenn man nüchtern ist, macht man das nicht wirklich."

Seit ein paar Wochen hat Vanessa ein Intim-Piercing. Das macht die Jungs scharf, sagt sie und die Mutter grinst dabei. Die Frau ist stolz darauf, dass ihre Tochter ein bewegtes Sexualleben hat. „Was ist denn verkehrt dabei?", sagt sie. „Sie ist doch ein hübsches Mädchen und kann jeden Jungen haben." Dann erklärt sie: „Wenn ich noch einen so geilen Körper hätte, dann wäre ich auch auf der Piste und säße nicht mit so einem langweiligen Mann zu Hause herum."

Für viele der Mädchen, die in die Archen kommen, ist ihr Körper ihr wertvollstes Kapital. Solange der schön und knackig ist, sind sie noch „im Rennen". Mit ihrem Körper holen sie sich die Selbstbestätigung, die sie zu Hause oder auch in der Schule nie gefunden haben. Daher kümmert sich auch Vanessa intensiv um ihren „Body". Sie pflegt ihre langen blonden Haare, geht zweimal in der Woche auf die Sonnenbank und eine Freundin, die eine Lehre als Kosmetikerin macht, maniküert ihre Fingernägel.

Vanessas Mutter hätte nichts dagegen, wenn ihre Tochter als Tänzerin in einem Klub oder einer Bar arbeiten würde wie sie früher. „Ist doch 'n toller Job und man bekommt viel Kohle."

Vanessas Bruder lässt es in Sachen Sex übrigens etwas ruhiger angehen. Er ist gerade 14 Jahre alt geworden und hat seit zwei Wochen seine erste Freundin. „Er ist spät dran", erklärt seine Mutter.

Brian

Brian ist ein Aufreißer, einer, der nichts anbrennen lässt. Der 17-Jährige hat schon mit vielen Mädchen geschlafen. Und die Mädels himmeln ihn an. Er ist 1,90 Meter groß, Augenbrauen, Unterlippe und Zunge sind gepierct.

Kürzlich hatte Brian ein besonderes Erlebnis. Er und einer seiner Freunde waren auf einer Party, wo sie zwei Mädchen kennenlernten. Die Jugendlichen hatten reichlich Wodka getrunken und standen außerdem unter Drogen. Nach anfänglicher Flirterei verzogen sie sich mit den Mädchen in ein leeres Zimmer. Drogen und Alkohol hatten ihnen sämtliche Hemmungen genommen, und so dauerte es nicht lange, bis sie – jeder mit „seinem" Mädchen – „zur Sache" kamen. Dass sie nicht ganz alleine im Raum waren, störte weder das eine noch das andere Pärchen. Kondome benutzten sie übrigens nicht.

Verhütung wird bei Brian grundsätzlich kleingeschrieben. Er benutzt nie „Gummis", wie er sagt. Er hat eine Latexallergie, behauptet er. Wenn man diese Aussage ernst nehmen würde, dann würde es in Berlin vor Latexallergikern nur so wimmeln. Aber Verhütung ist bei den Jugendlichen aus sozial schwächeren Familien allgemein ein Fremdwort. „Unsere Frauen hier sind sauber", das hört man hier immer wieder. Auch Brian meint: „Da brauchst du nichts zu machen. Und schützen können die Mädels sich auch."

Diese „Schutzmaßnahmen" sind haarsträubend: Viele der Mädchen teilen sich die Packung mit der Pille und wechseln sich mit der Einnahme ab – die eine nimmt sie am Montag, die andere am Dienstag und so weiter. Manche nehmen die Pille auch einfach dann ein, wenn sie zu einer Party gehen und sie davon ausgehen, dass sie mit einem Jungen im Bett landen.

Es gibt aber noch diverse andere Geheimtipps zur Verhütung, die im Kiez weitergegeben werden: Das Mädchen nach dem Sex tüchtig schütteln zum Beispiel. Oder aber auf den Kopf stellen. „Dann geht ja alles in die andere Richtung und nichts passiert", meinen die Jugendlichen. Aber das ist noch nicht alles. Ein Löffel warmer Cola, eingeträufelt in die Vagina, auch das soll helfen. Eine weitere Schutzvorkehrung ist der Sprint: Ein kurzes Rennen ums Haus und schon hat man eine mögliche Schwangerschaft verhütet. Das Spektrum solcher Geschichten ist groß. Wo ihr Ursprung liegt, weiß keiner so genau.

> Viele der Mädchen teilen sich die Packung mit der Pille und wechseln sich mit der Einnahme ab – die eine nimmt sie am Montag, die andere am Dienstag und so weiter.

Doch zurück zu Brian. Neulich hatte er Sex mit einer „älteren" Frau, berichtet er. 29 Jahre alt sei die gewesen. Der Sex war unglaublich, erzählt er stolz. „Wir haben es stundenlang miteinander gemacht, und das knallhart." Brian steht auf harten Sex, wie er in den Pornoraps, die der Junge sich gerne anhört, besungen wird. „Diese Blümchenmasche finde ich blöd, aber die Mädchen finden das geil", erklärt er weise. Für ein paar Wochen hatte er auch die passende Freundin dafür, ein 17-jähriges hübsches Mädchen. Trotz dieser Gemeinsamkeiten hielt die Freundschaft nicht lange. „Da ging es nur um Sex", ergänzt er.

Eigentlich hat Brian seine „große Liebe" aber schon gefunden: Verena. Sie ist genauso alt wie er. Seit drei Jahren hat er immer wieder was mit ihr. Ein richtiges Paar sind die beiden allerdings nicht. „So ungefähr 35-mal waren wir zusammen", erzählt Brian stolz. Mit Verena hatte er auch sein erstes Mal, auf einer Party. Verena ist zurzeit übrigens schwanger – von Brian. Ihr kommt das ganz gelegen. „Dann brauche ich keine Lehre zu machen und habe trotzdem Geld", sagt sie. Zusammen sind sie im Moment allerdings nicht.

*

Brian sucht derzeit eine Lehrstelle. Seine Motivation ist dabei allerdings nicht allzu groß. Das liegt zum einen daran, dass es nicht ganz einfach ist, in Berlin eine Lehrstelle zu finden, erst recht nicht, wenn man im äußersten Osten der Stadt wohnt. Dazu kommt aber noch Brians Partyleidenschaft. An Wochenenden wird durchgefeiert, von Freitag bis Sonntag. Irgendjemand hat immer billigen Fusel, und wenn der aus Polen kommt. Dann geht am Montag natürlich wenig.

Was die Zukunft bringt? Wen interessiert es? Brian lebt heute. Das Morgen ist erst mal egal.

Brian hat nicht vor, seinen Lebensstil zu ändern. Warum auch? Man müsste ihm erst einmal eine Perspektive anbieten, ihn auf Dauer begleiten, an die Hand nehmen, und das ist teuer.

Wir tun unser Möglichstes. Aber das Land und die Kommune lässt uns allein.

Von Brian sind zurzeit übrigens mindestens zwei Mädchen schwanger.

Jenny und Bianca

Die Zwillinge Jenny und Bianca sind 18 Jahre alt. Die Mädchen sind zwei echte „Früchtchen". Seit sie sich erinnern können, haben sie „Mist gebaut", so nennen die beiden es. Genau genommen haben sie schon so einiges auf dem Kerbholz: Schwarzfahren ist wahrscheinlich noch das harmloseste ihrer Vergehen. Darüber hinaus haben sie schon den einen oder anderen Ladendiebstahl begangen, außerdem haben sie früher in der Schule gerne einmal Mitschüler „abgezogen", also gegen Androhung von Gewalt Kleidungsstücke bzw. andere Wertgegenstände eingefordert, oder sie haben „einfach so" das Eigentum anderer „mitgehen" lassen. Die Klamotten, Turnschuhe oder Handys verkauften sie dann, um sich ihr Taschengeld aufzubessern. Das Geld brauchten sie unter anderem für Drogen. Schon mit 12 Jahren haben die beiden angefangen zu kiffen, dazu nahmen sie chemische Drogen wie Ecstasy oder Speed. Jenny und Bianca haben nichts ausgelassen.

Die Mädchen haben noch zwei ältere Brüder, die ein bzw. zwei Jahre älter sind. Die beiden Jungs führen im Vergleich zu ihren Schwestern jedoch ein relativ geruhsames Leben. Der ältere der beiden wohnt mit seiner Freundin in einer kleinen Zwei-Zimmer-Plattenbauwohnung. Malte, der zweite Bruder, der im gleichen Kiez wohnt, hat keine feste Freundin, aber immer wieder einmal ein Mädchen an der Hand. Die beiden Jungs schlagen sich mit Gelegenheitsjobs durch, kommen aber gut klar.

Bei Jenny und Bianca sieht es hingegen ganz anders aus. Warum sie sich so anders entwickelten, ist schwer zu sagen. Die Zwillinge kamen noch nie richtig mit ihrem Vater, der Polizeibeamter ist, aus und gerieten immer wieder mit ihm aneinander. Vielleicht wollten sie mit ihrem Verhalten ein Stück weit gegen ihn rebellieren, vielleicht war es aber auch ihr Freundeskreis, der sie immer wieder dazu anstiftete, „krumme Dinger" zu drehen.

Jedenfalls standen immer wieder Kollegen des Vaters vor der Wohnungstür und brachten die Mädchen nach Hause, nachdem sie wieder einmal bei irgendeiner illegalen Aktion erwischt worden waren, oder um deren Zimmer nach Diebesgut zu durchsuchen.

Die Eskapaden der Mädchen wurden immer heftiger. Wenige Tage nach dem 16. Geburtstag von Jenny und Bianca kam es dann zum Knall. Die Eltern hatten endgültig die Nase voll und wandten sich ans Jugendamt. Ein weiteres Zusammenleben war für sie unmöglich, und so wollten sie, dass Jenny und Bianca die Wohnung verließen.

Daraufhin bekamen die Zwillinge vom Amt ihre erste eigene Wohnung zugewiesen und für die beiden begann ein neuer Lebensabschnitt. Seitdem haben sie „freie Fahrt" in den eigenen vier Wänden. Schon vor dem Frühstück rauchen die Mädchen ihren ersten Joint; pro Tag sind es oft mehr als zehn. Es werden wilde Partys gefeiert, auf denen der Alkohol so reichlich fließt, dass bis zur Besinnungslosigkeit getrunken wird. Dazu machen Drogen, vor allem sogenannte Billigdrogen, die Runde. Diese Partys dauern gerne auch schon einmal von Freitagmittag bis Sonntagabend.

Natürlich kostet ein solches Leben auch Geld. Doch Jenny und Bianca bekommen ja Sozialhilfe und Kindergeld. Was sie darüber hinaus brauchen, klauen sie sich zusammen. Um an Drogen, Zigaretten und Alkohol zu kommen, planten sie sogar einmal einen Einbruch bei ihren eigenen Eltern. Nur wenige Stunden vor der Tat stand allerdings die Polizei vor der Tür und nahm Bianca wegen anderer Delikte fest. Das Mädchen verschwand erst einmal für 14 Tage im Knast, und damit wurde nichts aus dem „Bruch".

> Die Zwillinge bekamen vom Amt ihre erste eigene Wohnung zugewiesen. Seitdem haben sie „freie Fahrt" in den eigenen vier Wänden.

Jenny wurde in diesen zwei Wochen deutlich ruhiger. Sie rauchte kaum, trank wesentlich weniger und nahm auch keine Drogen. Einer Freundin vertraute sie an: „Meine Schwester schadet mir, das weiß ich, aber ich kann nicht ohne sie." Bianca hat bei den beiden das Sagen, und Jenny akzeptiert dies, obwohl sie weiß, dass sie mit ihrer Schwester vollends abrutschen wird, wenn sie beide so weitermachen wie bisher. Manchmal denkt sie darüber nach, ihr Leben zu ändern, doch solange Bianca Einfluss auf sie hat, gelingt es ihr nicht, sich ihr zu widersetzen. Sie liebt ihre Schwester einfach und will sie nicht enttäuschen. Jenny erklärt: „Wenn Bianca mal für längere Zeit im Knast ist, werde ich mein

Leben umkrempeln. Mit ihr geht das aber nicht. Wenn sie raus ist, will ich immer bei ihr sein." Genau aus diesem Grund war auch bei Jenny wieder alles beim Alten, als Bianca aus dem Knast kam.

Bianca ist im Gegensatz zu ihrer Schwester mit ihrem Leben zufrieden, behauptet sie zumindest. Am glücklichsten ist sie, wenn sie high ist. „Dann vergesse ich fast alles." Drogen waren auch mit dafür verantwortlich, dass Bianca im Alter von 18 zum ersten Mal schwanger wurde. Im Drogenrausch schlief sie mit einem Jungen. Die beiden konnten sich wenige Stunden später nur noch lückenhaft daran erinnern.

Jenny ist sich aber gar nicht so sicher, ob das Kind ihrer Schwester tatsächlich von diesem Jungen ist. „Die hat ja auch noch mit anderen rumgebissen", sagt sie. „Dat Kind kann auch von wem anders sein." Von wem es letztendlich wirklich ist, das hat bis heute niemand herausgefunden. Wozu auch? Keiner der möglichen Erzeuger hätte das Geld, um für den Unterhalt des Kindes aufzukommen.

Nach der Geburt änderte sich für Bianca nichts. Sie feierte weiter ausschweifende Partys, ohne Rücksicht auf ihr Kind zu nehmen. Und wenn sie anschließend ihren Rausch ausschlief, lag das Baby auch schon mal stundenlang im Dreck – ohne Essen und Trinken. Nach wenigen Wochen musste Bianca das Kind dann abgeben. Heute lebt es in einer Pflegefamilie.

Bianca hat jedoch nichts daraus gelernt; sie macht weiter wie bisher. Sie kostet ihre Freiheit in vollen Zügen aus. Auch in sexueller Hinsicht. Sie wechselt häufig ihre Sexualpartner und beschränkt sich da auch nicht nur auf Jungs.

Jenny weiß bis heute nicht, ob ihre Schwester hetero- oder bisexuell ist. Sie selbst hat sich allerdings eindeutig auf Jungs festgelegt. Aber sie hat auf dem Gebiet „Sex" ohnehin nicht so viel Erfahrung wie ihre Schwester. Sie verlor ihre Unschuld zwar schon mit 12, war seitdem aber „nur" mit drei Jungs im Bett.

Seit Kurzem ist Bianca übrigens wieder schwanger. Auf einer Party vor wenigen Wochen ist es wohl passiert. Während sich fast 15 Jugendliche in der übervollen Wohnung drängten, schlief sie im Drogenrausch mit einem 18-jährigen Jungen. Bianca nimmt die Schwangerschaft zur Kenntnis, eine Konsequenz zieht sie daraus für sich aber nicht. Sie will und wird weiter trinken, Drogen konsumieren und rauchen. Das Kind muss sie ja sowieso wieder abgeben.

> Jenny hat auf dem Gebiet „Sex" noch nicht so viel Erfahrung wie ihre Schwester. Sie verlor ihre Unschuld zwar schon mit 12, war seitdem aber „nur" mit drei Jungs im Bett.

Klar ist: Jenny wird hinter Bianca stehen, egal, was kommt. Und das, obwohl sie in der Vergangenheit schon einiges einstecken musste. Einmal wurde es für sie sogar lebensgefährlich. Bianca unterstellte ihr, dass sie etwas mit ihrer Freundin gehabt habe, ging mit einem Messer in der Hand auf sie los und verletzte Jenny so schwer, dass diese im Krankenhaus behandelt werden musste. Bianca saß daraufhin erneut zwei Wochen im Knast. Zurzeit ist sie draußen, wartet aber auf ihre Verhandlung in dieser Sache. Jenny hatte das Ganze allerdings ganz schnell wieder vergessen. „War ja eh nur ein Stich", wiegelt sie ab.

Die Verhandlung wird vielleicht entscheidend für die Zukunft der beiden Mädchen sein. Möglicherweise steht für Bianca eine längere Haftstrafe an. Aber im Gefängnis fühlt sie sich inzwischen ohnehin am wohlsten, wie sie sagt. Da ist die Welt für sie in Ordnung. Sie hat dort alles, was sie braucht. „Da finde ich immerhin Frauen, mit denen ich ins Bett gehe. Von denen wird man wenigstens nicht schwanger."

Für ihre Schwester bestünde in dem Fall, dass Bianca in den Knast muss, zumindest die Chance, ein neues Leben anzufangen, so wie sie es eigentlich auch möchte. Und sie weiß, dass sie mit Hilfe und Unterstützung von unserer Seite rechnen kann. Wir von der Arche werden ihr immer helfen. Sie muss diese Hilfe aber auch wollen, und das ist im Moment noch nicht der Fall.

Bianca wird es wohl schwer haben, aus der jetzigen Situation herauszukommen. Sie fühlt sich wohl und will so weiterleben.

... uns. jetzt zu haben,
um immer füreinander
da zu sein.

Lars

Der 14-jährige Lars hält seine Freundin fest umschlungen. Die beiden sind seit fast vier Wochen zusammen. Sie küssen sich leidenschaftlich, pressen ihre Lippen aufeinander, ihre Hände wandern über ihre Körper. Dass ihre Freunde dabei zuschauen, scheint ihnen egal zu sein. Privatsphäre ist den meisten der Kids und Jugendlichen, die wir in der Arche kennenlernen, fremd. Man „liebt" sich, wenn einem danach ist. Und den Jugendlichen ist fast immer danach. Zu Hause, in den engen Zwei- oder Dreiraumwohnungen, wie die Berliner es nennen, geht es bei ihren Eltern oder Geschwistern auch nicht gerade sehr diskret ab. Natürlich ist das für uns in der Arche nicht immer einfach, gerade dann, wenn wir unsere Jugendlichen darauf aufmerksam machen, dass derartiges „Fummeln" bei uns nicht geduldet wird. Glücklicherweise verstehen die meisten Kids das und wir kommen so häufig ins Gespräch über ihr Verhalten und ihre Suche nach Werten und echter Liebe.

Doch zurück zu Lars. Der Junge hat seiner Mutter schon häufig beim Sex zugesehen. Immer dann, „wenn sie einen neuen Freund anschleppt", wie er sagt. Da sowohl Lars als auch sein älterer Bruder je ein eigenes Zimmer haben, hat die Mutter kein eigenes Schlafzimmer und schläft auf der Bettcouch im Wohnzimmer, wo sie auch ihre Partner empfängt. So bleibt es nicht aus, dass Lars und sein Bruder oft „live" dabei sind.

Vor seiner jetzigen Freundin hatte Lars schon verschiedene Mädchen, erzählt er. Wie viele genau, kann er nicht mehr sagen. Das klingt nicht angeberisch, eher gelangweilt. „Ich zähle doch nicht mit", meint er. Mit 13 hatte er sein erstes Mal. Das war auf der letzten Silvesterfeier, erzählt er mir. Das Mädchen, Mandy, war ein Jahr älter. Die beiden hatten sich auf einer sogenannten Homeparty kennengelernt. Lars und Mandy hatten reichlich Alkohol getrunken und sich erst „rumgebissen", wie das Küssen bei den Jugendlichen so heißt. Als das „Rumbeißen" dann fließend in sexuelle Handlungen überging, standen die beiden nicht einmal auf, um in einen anderen Raum zu gehen. „Wir haben es da gemacht, wo wir gerade waren", erzählt er.

Mit Frauen habe er überhaupt keine Probleme, sagt Lars, „die wollen alle was von mir." Aber der Junge kann auch von anderen Beispielen erzählen. Wie von seinem Bruder. Der habe immer noch keinen Sex gehabt, obwohl er schon 15 sei. „Er ist über 1,90 Meter groß, vielleicht liegt's ja auch daran", meint Lars. Dann erzählt er, er kenne sogar einen, der sei schon 23 und habe noch nie mit einem Mädchen geschlafen. „Der findet das sogar gut und ist stolz drauf." Verstehen kann Lars das nicht.

Auf die Frage, wie es denn mit seiner jetzigen Freundin sei, kommt eine überraschende Antwort: „Im Bett waren wir noch nicht." Dann erklärt er, seine Freundin bekäme Spritzen gegen Gebärmutterhalskrebs, da

dürfe man nicht miteinander „poppen", nur „rumma-chen". Das würden sie auch fast jeden Tag machen, so der Blondschopf. Einmal sei er fremdgegangen, gesteht er, aber das käme nie wieder vor.

Seine Freundin übernachtet oft auch bei ihm und seine Mutter hat nichts dagegen. Im Gegenteil. Er schiebt auch eine logische Begründung hinterher: „Seitdem bin ich nicht mehr kriminell und ich schlage mich auch nicht mehr." Früher, so der Junge, kam er fast täglich mit der Polizei nach Hause. Das sei jetzt aber vorbei.

> Vor seiner jetzigen Freundin hatte Lars schon verschiedene Mädchen, erzählt er. Wie viele genau, kann er nicht mehr sagen.

Seine großen blauen Augen schauen mich an. Mit seiner jetzigen Freundin, „seiner großen Liebe", wie er sagt, will er auch ein Kind. Wenn sie 18 oder 19 sind. Dann will er auch einen anständigen Job haben, ein Haus und vielleicht auch einen Hund. Wenn vorher schon Kinder kommen, sei das auch kein Prob-lem, schließlich bekäme er später ja die 620 Euro, und dann gäbe es ja schließlich auch noch Geld vom Staat für die Kinder. Diese Art Rechnung lernen die Kids in den Arche-Familien schon sehr früh.

Im Moment strebt Lars aber den erweiterten Haupt-schulabschluss an. Das sei auch locker zu schaffen, sagt er mir. Auf meine Frage, was er denn werden wolle, antwortet er: „614 Euro."

Ich bin ein wenig perplex, kann ich doch mit dieser Antwort wenig anfangen.

Lars hilft mir auf die Sprünge. Seine Mutter hat ihm schon einen Ausbildungsplatz besorgt. „Und da ver-diene ich 614 Euro", erzählt er stolz.

Auf die Frage, was das denn für eine Ausbildung sei, hat er keine Antwort. „Irgendwas mit Autos, ob Handwerk oder Büro – keene Ahnung", so der junge Mann.

So eine Antwort habe ich nicht erwartet. Aber viele unserer Kinder und Jugendlichen kennen nicht einmal den Namen ihrer Schule, auf die sie gehen. Das ist es, was Experten Bildungsferne nennen.

Kevin und Susanne

Kevin und Susanne sind unzertrennlich, und das schon seit ein paar Jahren. Susanne ist ein ziemlich ausgeflippter Typ. Sie hat lange, blonde Haare, ist mehrfach gepierct und immer stark geschminkt. Sie spricht den typischen Ostberliner Slang, fast jeder Satz beginnt bei ihr mit „Hey, Alter". Sie wirkt lebenslustig, fast ein wenig vorlaut. Kevin hingegen macht einen eher ruhigen Eindruck. Er trägt die Haare sehr kurz und ist ebenfalls gepierct, auch im Gesicht.

Die beiden 17- und 16-jährigen Jugendlichen sieht man fast immer zusammen. Ein Paar sind sie allerdings nicht. Trotzdem wirken die beiden sehr vertraut miteinander. Darauf angesprochen, grinsen beide. „Wir waren schon so an die 80-mal zusammen, wa, aber zusammen gepoppt haben wir noch nie", erklärt Kevin.

Susanne lebt bei ihrem Vater. Bei der Mutter ist kein Platz. Sie hat längst weitere Kinder mit anderen Männern. Das Mädchen hat insgesamt 14 Geschwister im Alter zwischen 2 und 24 Jahren. Ihre Mutter und ihr Vater haben Kinder mit unterschiedlichen Partnern. Kontakt zu allen Geschwistern hat Susanne nicht. „Bei uns lebt noch mein Bruder", sagt sie. Der ist ein Jahr älter als sie. „Aber der ist voll langweilig. Der säuft nicht und nimmt nicht mal Drogen. Der hat auch noch nie mit 'nem Mädchen geschlafen."

Kevin setzt noch einen obendrauf. „Der geht sogar zur Schule."

Die Schule haben Kevin und Susanne für sich schon längst abgehakt. Kevin sitzt lieber zu Hause herum. Auf eine Lehre hat er „keinen Bock". „Wenn, dann werde ick Arbeiter", berlinert er. Auch Susanne hat so ihre Probleme mit der Schule. Gerade hat sie fünf Monate blaugemacht. Nur ihrer Mutter zuliebe ist sie zurückgegangen, weil diese ein hohes Bußgeld zahlen musste. Aber auch sie hat keine Lust auf einen Schulabschluss und eine anschließende Lehre. „Dann lass ich mir eher 'n Kind machen", sagt sie.

Passieren könnte das eigentlich jederzeit. Denn sie ist sexuell aktiv. Schon seit sie 13 ist. Den Jungen, mit dem sie ihr erstes Mal hatte, hatte sie damals in der Schule kennengelernt. Er war ein Jahr älter als sie und schon „sehr erfahren", wie sie sagt. Spaß hat der frühe Sex Susanne nicht gemacht. Natürlich haben die beiden Kinder sich damals auch nicht geschützt. „Glück gehabt", erzählte sie ihren Freundinnen danach. Damals hätte sie sich für ein Kind dann doch noch zu jung gefühlt. Miteinander gegangen sind die zwei danach nicht. Auch in der Schule haben sie sich nur noch von Weitem gesehen.

Verhütung ist noch immer nicht unbedingt ihr Ding. „Ich weiß ja nie, wann ich jemanden treffe, mit dem ich ins Bett will", philosophiert sie. Dementsprechend sorgt sie auch nicht vor.

Bei Kevin ist es ähnlich. „Den geilsten Sex hatte ich immer dann, wenn ich nicht damit gerechnet habe", sagt er – und wieso sollte er dann auch ein Kondom mit sich herumschleppen, nur für den Fall, dass er es brauchen könnte?

Kevin hatte schon mit neun Jahren eine feste Freundin. Mit ihr war er immerhin zwei Jahre zusammen. Die Eltern hatten damals nichts gegen die Freundschaft. Die Kids durften sogar beim jeweils anderen übernachten. „Wir haben uns nur rumgebissen, halt alles miteinander gemacht außer Sex. Davor hatten wir wohl Angst." Den ersten wirklichen Sex hatte er „erst" mit 14, und zwar auf einer Party seines besten Freundes. „Wir hatten Alkohol getrunken und auch 'ne Pille eingeworfen", erzählt er. „Wir haben es dann an Ort und Stelle gemacht. Es war schon irgendwie komisch, so mitten zwischen den anderen", erinnert er sich. „Aber wir haben uns ja nicht ausgezogen. Nur so, dass es gerade so ging." Für Kevin hat an diesem Tag ein neuer Lebensabschnitt begonnen. „Musste ja auch mal sein", sagt er. Wiedergesehen hat er das Mädchen nicht.

Kevin hat seitdem eine ganze Menge ausprobiert. Vor einigen Wochen hatte er mit zwei Mädchen gleichzeitig Sex. Die beiden Mädels hatte er in einer Disco kennengelernt. Die drei haben erst lange miteinander getanzt. Dann ist der Junge mit ihnen in ihre Wohnung gefahren, wo sie dann zur Sache kamen. Der Dreier hat ihm aber auch nicht besonders gefallen, es war ihm nicht entspannt genug.

Kevin und Susanne sind schon wahre Experten in Sachen Drogen. Die gehören zu ihrem Lebensstil dazu. Außerdem helfen sie, die Hemmungen zu verlieren. Sie haben alles ausprobiert, außer Heroin. Natürlich können sie sich keine teuren Drogen leisten. Da muss die Ramschware aus Polen herhalten, bei der keiner weiß, was drin ist. Aber das ist Susanne und Kevin gleichgültig. Hauptsache, sie haben ihren Spaß.

*

Wie geht es weiter mit den beiden?

Kevin wäre am liebsten wieder mit Susanne zusammen, aber die ziert sich noch. Kevin ist sehr eifersüchtig und rastet immer wieder aus. Er kann in einer solchen Situation auch schon mal zuschlagen. Wenn die beiden zusammen sind, darf Susanne mit keinem Jungen reden. Da sie aber gerne Partys feiert und flirtet, ist das ein Problem.

> Eine lebenslange Partnerschaft kann sich keiner von beiden vorstellen. Sie kennen auch niemanden, der schon mehrere Jahre mit seinem Partner zusammen ist.

Beide wollen es später noch einmal miteinander versuchen und mal sehen, wie lang die Beziehung dann hält. Eine lebenslange Partnerschaft kann sich keiner von beiden vorstellen. Sie kennen auch niemanden, der schon mehrere Jahre mit seinem Partner zusammen ist. Die ewige Liebe gibt es nicht, da sind sich beide einig.

Sowohl Kevin als auch Susanne wollen übrigens Kinder, am liebsten miteinander, wenn Kevin sich bessert. Aber ansonsten machen sie sich noch keine Gedanken über die Zukunft. Sie leben wie die meisten Kinder aus sozial schwachen Familien im Jetzt. An die Zukunft denkt keiner. Das Morgen ist gleichgültig.

Sexorgien am Wochenende

Homepartys sind der große Renner bei vielen der Jugendlichen, die wir in der Arche kennenlernen. Dabei handelt es sich um Partys, die in Privatwohnungen veranstaltet werden. Geld für einen Klub- oder Kneipenbesuch haben unsere Jugendlichen in der Regel nicht. Gefeiert wird oft durchgehend von freitagabends bis sonntagabends; meist fließt dabei reichlich Alkohol und auch Drogen machen die Runde. Mit dem Konsum dieser Substanzen schwinden die Hemmungen in null Komma nichts, nicht selten kommt es zum Sex auf der „Tanzfläche" mitten zwischen den anderen feiernden Kids. Hoch im Kurs steht dabei auch das sogenannte Gangbang. Im eigentlichen Sinne versteht man unter Gangbang, dass mehrere Jungs nacheinander mit einem einzigen Mädchen sexuellen Verkehr haben. Im umgekehrten Fall spricht man von Reverse Gangbang. Wenn die Jugendlichen von Gangbang reden, meinen sie jedoch im Grunde Gruppensex ganz allgemein.

Sex bestimmt die Freizeit vieler Jugendlicher aus sozialen Brennpunkten. Sie reichen die Partner untereinander weiter wie eine Zigarette. Viele Cliquen sind altersmäßig sehr durchmischt. Die jüngsten Mädchen sind meist um die 12, die ältesten Jungs Anfang 20. Da stellt sich einem ganz automatisch die Frage: Was will ein junger Mann von Anfang 20 mit einem so jungen Mädchen? Sicher nicht über Politik diskutieren. Die einzige Ebene, auf der sie miteinander kommunizieren können, ist die sexuelle. So werden die jüngeren Kids und Jugendlichen sehr unter Druck gesetzt – die Mädchen, weil sie sich geschmeichelt fühlen, da sie begehrt werden, und die jüngeren Jungs, weil sie mit den großen mithalten wollen. Immer wieder hören wir von Jugendlichen, dass in ihrer Clique im Grunde schon jeder mit jedem mal Sex hatte.

Die Klage über eine zu lockere Sexualmoral ist sicherlich weitaus älter als der Minirock. Oft waren es konservative Politiker, Kirchenmänner oder selbst ernannte Moralisten, die warnend den Zeigefinger erhoben. Heute ist das anders. Heute warnen Lehrer, Wissenschaftler und Hirnforscher vor einer sexuellen Verwahrlosung, die einen verheerenden Einfluss auf die Gesellschaft hat.

Was ist da passiert oder besser: Was passiert da jeden Tag in unserem Land?

Bringen wir es einmal auf den Punkt: Geringe Bildung und vor allem die unkontrollierte Nutzung der Medien haben zu einem großen Teil zu dieser Entwicklung beigetragen. In den meisten Familien, die in einer gewissen Bildungsferne leben, läuft der Fernseher von frühmorgens bis spät in die Nacht. Er wird nicht einmal ausgeschaltet, wenn man Besuch bekommt oder wenn die Kinder, was selten genug vorkommt, ihre Schularbeiten machen.

Diese Form von medialer Verwahrlosung hat einen verheerenden Einfluss auf Kinder und Jugendliche. Sie können bald nicht mehr unterscheiden, was Fiktion und was Realität ist. Sie verblöden, ohne dass die Gesellschaft es wirklich registriert. Bücher sind in diesen Haushalten so selten wie Trüffel in den Wäldern um Berlin.

Dazu kommen noch weitere Umstände: Viele Eltern sind nicht in der Lage, sich emotional mit ihren Kindern auseinanderzusetzen – oder sie wollen es nicht. Viele „unserer" Arche-Kinder haben nie auf dem Schoß ihrer Eltern gesessen, haben nie mit ihnen geschmust oder erfahren, dass man in der Familie füreinander da ist. Was sie zu Hause lernen, ist, wie man die Leere im Leben vermeintlich mit Sex füllen kann.

Eine Journalistin hat uns kürzlich eine Frage gestellt, die uns fast umgehauen hat. Sie sagte, sie habe gehört, dass die Hartz-IV-Familien sich inzwischen zu regelrechten Dynastien entwickelt hätten, sodass es eigentlich ein geschlossener Kreis sei, von dem wir hier reden. Nur wenige Menschen würden da wieder rauskommen oder auch hineingelangen, und das würde ja bedeuten, dass unserem System keine Gefahr drohe. Sie fragte uns, ob wir das genauso sähen.

Wir waren entsetzt. Man muss sich nur einmal ganz objektiv vor Augen führen, wer heute die Kinder bekommt. Nicht etwa eine intellektuelle Oberschicht, sondern Menschen aus sozialen Brennpunkten. Fast alle Arche-Kinder haben drei bis fünf Geschwister. Die Eltern leben in der Regel von Transferleistungen, das heißt, es ist wenig Geld vorhanden. Die Kinder erfahren zu Hause wenig Unterstützung und schaffen meist nicht einmal den erweiterten Hauptschulabschluss. Dazu kommt, dass Kinder aus armen Familien – das haben Untersuchungen ergeben – ohnehin weniger Chancen bei den Lehrern in unseren Schulen haben. Das ist ein Skandal. Auch viele Arche-Kinder erleben Mobbing in ihren Schulen – bei Lehrern wie bei Klassenkameraden – und werden auf diese Weise ausgegrenzt.

Auch außerhalb der Schule werden diese Kinder schlecht in unsere Gesellschaft integriert, da oft kein Geld für Sport und andere Freizeitmöglichkeiten da ist. Da ist es kein Wunder, dass sie sich ihre eigenen „Freizeitbeschäftigungen" in Form von Gangbangs und anderen Extremen suchen – zumal sie mit Sex eine Freizeitbeschäftigung haben, die sie sich finanziell leisten können.

Die Kinder, von denen wir in diesem Buch berichten, werden von ihren Familien und von der Gesellschaft im Stich gelassen. Wir sind verpflichtet, uns um sie zu kümmern, ansonsten werden sie sich eines Tages gegen die Gesellschaft wenden.

In diesen Kindern stecken Potenziale, Talente, die gefördert werden wollen. Um ihnen gerecht zu werden, müssen Schulen anders organisiert werden. Die Klassen müssen kleiner gehalten und es müssen mehr Lehrer eingestellt werden, damit diese sich gezielter um einzelne Schüler kümmern können.

Und wir brauchen mehr Freizeit- und Jugendeinrichtungen, auf dem Land und in den Städten, in denen finanzschwachen Kids sinnvolle Freizeitbeschäftigungen angeboten werden. In denen die Jugendlichen die Ansprechpartner finden, die sie so dringend brauchen. Darf es sein, dass eine Linksregierung in einer Stadt wie Berlin einen großen Teil an Angeboten für junge Menschen schließt? Und dann wundert man sich, wenn diese jungen Menschen auf krumme Gedanken kommen.

Wir verachten oft die jungen Menschen, die eben einfach nicht gelernt haben, so zu sein, wie wir sie gerne hätten. Ein Kind kann nichts für seine Eltern. Aber wir können etwas für diese Kinder tun. Wir alle zusammen.

Milena

Milena ist erst 17 Jahre alt, doch der Blick des zierlichen Mädchens ist leer. Es erwartet nicht mehr viel vom Leben, denn Milena hat schon eine ganze Menge erlebt – mehr als andere Frauen in einem ganzen Leben.

Sie ist nicht gerade eine Schönheit, aber einer ihrer Freunde hat kürzlich über sie gesagt: „Sie sieht ein wenig verrucht aus", und das scheint bei den Jungs anzukommen.

Mit 17 hat man noch Träume, hat die Schlagersängerin Peggy March einmal gesungen. Milena hingegen hat keine Träume mehr. Möglicherweise hat sie die auch nie gehabt. Denn auch Träume zu haben muss man lernen ...

*

Schon Milenas Start ins Leben war alles andere als ideal. Ihre Mutter war gerade einmal 15, als sie das Mädchen bekam. Der Erzeuger war ein Jahr jünger und noch nicht bereit für ein Kind. Er zeigte daher auch keinerlei Interesse an dem Baby, wollte lieber weiter „Party feiern", wann immer das möglich war. Da war ein Kind nur hinderlich. Die Mutter führte einen ähnlichen Lebensstil und war auch nicht bereit, diesen so ohne Weiteres für das Kind aufzugeben. Sie nahm Drogen, trank Alkohol und alle zwei, drei Monate hatte sie einen neuen Freund. Ihr Kind war Nebensache.

Mitarbeiter des Jugendamtes gaben sich bei der jungen Frau die Klinke in die Hand. Unter der Aufsicht des Amtes ging das Zusammenleben von Mutter und Kind zunächst auch einigermaßen glatt, doch nach einem Drogenexzess der Mutter kam das Kind mit 5 Jahren schließlich in ein Heim.

Die ersten Lebensjahre hatten bei dem Mädchen allerdings schon ihre Spuren hinterlassen. Milena war nicht in der Lage, Vertrauen zu anderen Menschen aufzubauen und Freundschaften zu schließen. Sie wirkte unnahbar und in sich zurückgezogen. Sie war eine Außenseiterin. Nicht einmal die Erzieher machten sich die Mühe, wirklich Kontakt zu ihr aufzubauen.

Milena wechselte zweimal die Einrichtung, aber ihre Situation verbesserte sich nicht. Sie fand niemanden, der bereit war, sich intensiver mit ihr zu beschäftigen und ihr Vertrauen zu gewinnen. Selbst die zuständigen Jugendämter schienen das Interesse an dem Mädchen allmählich verloren zu haben.

In Milena wuchs die Frustration, die sich ein Ventil suchte. Darauf ist es wohl zurückzuführen, dass sie eines Tages scheinbar völlig unmotiviert ihre Bettwäsche anzündete, woraufhin das Zimmer vollkommen ausbrannte. Der Schaden war enorm, und noch am gleichen Tag musste Milena, die damals gerade einmal 9 Jahre alt war, das Heim verlassen.

Sie kam in eine Einrichtung für schwer erziehbare Kinder. Zwar wurde hier der Versuch gestartet, nach Jahren erstmals wieder Kontakt zwischen Tochter und

Mutter herzustellen, doch die Mutter zeigte wenig Interesse am Leben des Mädchens. Sie war zu sehr mit sich selbst und ihren eigenen Problemen beschäftigt. Und so blieb Milena im Grunde doch wieder allein.

Milena hatte in ihrem Leben nie das Gefühl, wirklich gewollt und geliebt zu sein. Sie durfte nie echte Geborgenheit erfahren. Kein Wunder, dass sie sich auf die Suche nach Ersatz für dieses Gefühl machte. Sie hoffte schließlich, es beim anderen Geschlecht zu finden.

Mit einem Jungen aus dem Heim hatte sie dann schließlich ihr „erstes Mal". Sie war damals 12 Jahre alt. Das Ganze hatte sich schon ein paar Wochen angebahnt. Die beiden Kinder lagen schon öfter zusammen im Bett des einen oder des anderen. Die Erzieher störte das nicht, erinnert Milena sich, zumindest hatten sie keine Einwände dagegen. Doch dann kam es zwischen den beiden eben tatsächlich zum Sex. „Es war nicht mal schön", erzählt Milena. „Aber es tat nicht weh, und das ist das Wichtigste."

Als die Erzieher von der Geschichte Wind bekamen, waren sie dann doch nicht begeistert. Der Junge wurde umgehend in eine andere Einrichtung, die rund 20 Kilometer entfernt ist, geschickt. Milena und er telefonierten anfangs noch miteinander und hin und wieder sahen sie sich auch noch. „Einmal haben wir es noch getan", erinnert sie sich, „drei Monate später." Dann war endgültig Schluss mit dieser Beziehung.

Nach diesem Jungen hatte sie noch unzählige andere Jungs aus dem Heim. Sie hatte eine „neue Welt" entdeckt, eine, in der sie eine gewisse Nähe erleben durfte, ohne eine innere Bindung zulassen zu müssen. „Ich wollte nur Sex, und wenn es geil war, durfte der

Typ wiederkommen. Liebe war mir auch damals schon gleichgültig. Das wollte ich nie." Sex wurde zu einer Art Konsumgut für Milena.

Genauso wie Drogen. Schon mit 13 Jahren machte sie ihre Erfahrungen mit Gras, Hasch, Pilzen und Pillen. Auch Speed und Koks nahm sie schon als Kind, wenn ihr jemand etwas spendierte. Danach kam es immer wieder zum Sex, auch mit den „Spendern" der teuren Drogen. Der älteste Mann, mit dem das Mädchen bisher ins Bett gegangen ist, war 31. „Der war richtig gut", sagt Milena.

> „Ich wollte nur Sex, und wenn es geil war, durfte der Typ wiederkommen."

Der Höhepunkt ihrer „Sexkarriere" ist der Privatporno, den sie mit 15 Jahren drehte und anschließend für zehn Euro an ihre Freunde verkaufte. Wenn man sie fragt, ob sie das heute nicht bereue, entgegnet sie nur: „Warum? War doch geil!"

*

Milena hat nach wie vor viele Sexualpartner. Verhütung ist für sie allerdings kein Thema. Über Krankheiten weiß sie so gut wie nichts, darüber will sie auch gar nicht nachdenken. Und wenn sie einmal schwanger werden sollte? Glücklich wäre sie darüber nicht, aber sie sagt: „Dann treibe ich halt ab", als ginge es um einen Zahn, den man sich mal so eben ziehen lässt, weil er wehtut. Einmal war sie auch schon schwanger; sie hat das Kind aber schon vor einer möglichen Abtreibung verloren. „Meine Mutter hätte damals auch abtreiben sollen, dann wäre die Scheiße gar nicht erst passiert", das hat sie einem Freund anvertraut. Sie selbst will auf gar keinen Fall Kinder haben – auch später nicht. Kürzlich hatte Milena auch einmal Sex mit einem 15-jährigen Mädchen, denn: „Da kann man wenigstens gar nicht erst schwanger werden."

Milena will ihr Leben nicht ändern. *„Ist doch geil so"* – das scheint ihr Lebensmotto zu sein. Immer mit dem gleichen Partner zusammen zu sein, das sei doch langweilig, meint sie.

Jetzt will sie einen echten Porno drehen, wenn sie 18 ist. Sie hat schon mit einem Produzenten gesprochen …

Michaela

Als Michaela das erste Mal in die Arche kam, war sie gerade einmal 14 Jahre alt. Sie war damals schon sehr auffällig. Sie redete im Grunde nur, wenn genug Menschen um sie herumstanden, ansonsten war sie eher schweigsam. Man merkte schnell, dass das schwarzhaarige Mädchen mit dem Puppengesicht gern im Mittelpunkt stand. Wenn sie mit jemandem sprach, drehte Michaela sich regelmäßig um, um zu sehen, ob andere auch alles mitbekamen, und sie sprach laut genug, sodass jeder sie hören konnte. Dabei war ihre Wortwahl sehr vulgär, auch Erwachsenen gegenüber. Sie hatte zu Hause auch nie gelernt, Erwachsenen mit Respekt entgegenzutreten.

Ihre Mutter hatte Michaela bekommen, als sie gerade einmal 16 war. In den Jahren danach hatte sie unzählige Beziehungen, aus denen sie sich ihren Selbstwert zog. Mit ihrer Tochter kam sie nicht wirklich klar. Mutter und Tochter hatten oft Streit miteinander, und es kam nicht selten vor, dass die Mutter Michaela für zwei Tage aus der Wohnung warf. Die häufigste Streitursache war, dass Michaela mit den Lebensgefährten und Partnern der Mutter schlief; zwischen Mutter und Tochter herrschte ein regelrechter Konkurrenzkampf.

99

Michaela ist auch unter den Jugendlichen in der Arche berühmt-berüchtigt. Alle Jungs aus ihrem Freundeskreis hatten schon Sex mit ihr. Sie hat bereits im Alter von 10 Jahren das erste Mal mit einem Jungen geschlafen. Warum, das weiß sie heute auch nicht mehr, doch mittlerweile kann sie die Jungs und Männer, mit denen sie im Bett war, nicht mehr zählen. Ihr ist das nicht etwa peinlich; im Gegenteil: Sie ist stolz auf ihre Erfahrungen.

> Michaela hat bereits im Alter von 10 Jahren das erste Mal mit einem Jungen geschlafen. Warum, das weiß sie heute auch nicht mehr.

Für Michaela ist Sex weniger eine Sucht als vielmehr Ausdruck ihres „Könnens". Beim Sex kann sie sich beweisen. Da hat sie was „drauf". Die „Anerkennung" der Männer macht sie stolz und glücklich zugleich, wobei Glück für Michaela ganz offensichtlich etwas ganz anderes bedeutete als für andere Kinder in ihrem Alter. Einmal hatte sie mit einem 36-jährigen Mann aus der Nachbarschaft ein Verhältnis. Damals war sie 15 Jahre alt. Dass dieser Mann sich damit strafbar machte, interessierte Michaela nicht, er war eine weitere „Trophäe" für sie.

Zwei Jahre später wurde Michaela dann vom Jugendamt aus ihrem Umfeld genommen und in einer Wohngruppe in Süddeutschland untergebracht, wo sie sich jedoch überhaupt nicht wohl fühlte. Immer wieder flüchtete sie zurück in ihre alte Umgebung, und jedes Mal fand sie auch Leute, bei denen sie unterkam und mit denen sie weiter ihrem regen Sexualleben nachgehen konnte. Ab und zu besuchte sie mich in der Arche, wenn sie wieder einmal in Berlin war, meist nur für einen kurzen Moment, damit ich nicht das Jugendamt informieren konnte, doch sie wollte sich wenigstens zeigen.

Ich hatte wirklich Angst um das Mädchen. Der Wunsch nach Anerkennung – auch in Sachen Sex – war bei Michaela so groß, dass die Gefahr bestand, dass sie geradewegs in ihr Verderben lief.

Doch überraschenderweise wendete sich das Blatt. Im Alter von 18 Jahren lernte Michaela einen jungen Mann kennen, in den sie sich verliebte. Zum ersten Mal in ihrem Leben erkannte sie den Unterschied zwischen Sex und Liebe. Ihre Besuche in Berlin hörten abrupt auf. Aber hin und wieder schrieb sie oder rief mich an. Man merkte, dass sich etwas bei ihr verändert hatte. Michaela war wie gelöst. Der Druck war weg, sie musste keine Trophäen mehr sammeln. Sie hatte jemanden gefunden, bei dem sie sich nicht beweisen musste, jemanden, der sie so liebte, wie sie war.

Leider erfahren nicht alle Jugendlichen mit einem vergleichbaren Lebenslauf wie dem von Michaela so eine glückliche Wendung. Viele sind durch ihre Erfahrungen in frühester Jugend so sehr geprägt, dass es ihnen unheimlich schwer fällt, echte Beziehungen aufzubauen. Wir wollen aber gerade solchen Kindern und Jugendlichen zur Seite stehen und ihnen gesunde Beziehungen vorleben.

Erik

Erik ist ein wahrer „Bär". Der 20-Jährige wiegt bei einer Körpergröße von 1,80 Meter stolze 110 Kilo. Noch vor knapp zwei Jahren wog er zierliche 70 Kilo – und er war der Liebling aller Mädchen. Das zumindest behauptet er.

Erik ist das, was man einen „feinen Kerl" nennt – wenn er nicht gerade mit seinen Kumpels zusammen ist oder in seiner Stammkneipe sitzt. Dann kann er auch schon mal zuschlagen. Heute kann das auch ziemlich wehtun. Erik will boxen, und das in der Schwergewichtsklasse. „Dafür müssen noch 90 Kilo drauf", sagt er.

Seit einigen Monaten hat Erik eine feste Freundin, seine längste Beziehung bisher. Früher hatte er auch schon mal zwei Mädchen an einem Tag, und er behauptet selbst, dass er mit weit über 100 Frauen geschlafen hat. „Wenn du's genau wissen willst, muss ich erst in meinem Tagebuch nachzählen", sagt er mit einem Grinsen im Gesicht. Erik führt Tagebuch und hält darin alle Sexerlebnisse fest. Zum Beispiel, dass er hin und wieder mit seinen Kumpels die Freundinnen getauscht hat oder auch, dass sie „es" manchmal auch zu dritt oder mit noch mehr Beteiligten gemacht haben. Oder dass ihn ein Mädchen immer wieder in der Straßenbahn, im Kino oder in anderen öffentlichen Einrichtungen verführt hat. Das hat ihr den nötigen „Kick" gegeben und Erik machte gerne mit. „Dat war geil, Alter", meint er.

Mit knapp 12 Jahren hatte er sein erstes Mädchen, Tanja. Tanja war damals 14. Er hatte sie auf einer Party kennengelernt, die beiden fanden sich sympathisch und der Alkohol und die Drogen taten ihr Übriges. Irgendwann verließen sie die kleine Plattenbauwohnung und gingen runter in die Tiefgarage des Gebäudes. „Es ging alles ratzfatz", erinnert Erik sich. „T-Shirt weg, Hose runter und dann ging es auch sofort zur Sache. Für diese ganze Gefühlskacke hatten wir keine Zeit."

> Verhütet hat Erik so gut wie nie. „Das habe ich nur einoder zweimal gemacht", sagt er.

Verhütet haben sie nicht. Welcher 12-jährige Junge hat auch schon Kondome in der Tasche? *Und beim ersten Mal ein Kind,* haben beide gedacht, *nein, das kann nicht passieren.* Damals ist das Ganze gut gegangen, Tanja wurde nicht schwanger.

Bei einer seiner folgenden Freundinnen hatte Erik dann aber weniger Glück ...

Mit 15 Jahren lernte er Swenja kennen, die damals 12 Jahre alt war. Sie landeten schon am ersten Abend im Bett. Erik schwärmt noch heute von dem „tollen Sex" in den ersten Wochen. Swenja wusste, was er wollte, und sie gab es ihm. Sie hatte es nicht anders gelernt. Ihre Mutter hatte ihr immer erklärt: „Wenn du dem Mann das gibst, was er will, dann bleibt er auch länger bei dir." Nach kurzer Zeit erwartete Swenja ein Kind. Sie trug es aus und brachte mit 13 Jahren einen gesunden Jungen zur Welt. Damit wurde sie eine der jüngsten Mütter Berlins. Heute hat das Mädchen zwei weitere Kinder von zwei anderen Männern. Zwei Jahre später wurde Erik dann wieder Vater, dieses Mal war die Mutter 16.

Verhütet hat Erik so gut wie nie. „Das habe ich nur ein- oder zweimal gemacht", sagt er. Vor diesem Hintergrund ist es eigentlich ein Wunder, dass er bis jetzt nur zwei Kinder hat. Über Geschlechtskrankheiten hat er sich offenbar auch nie ernsthaft Gedanken gemacht ...

Leon

„Ich kann sie alle haben!", prahlt Leon. Seine Jeans, Baggypants nennt man diese Art Hose wohl, hängt fast in den Knien. Über dem T-Shirt trägt er eine Kapuzenjacke, dazu ein silbernes Kettchen um den Hals. Reste nachpubertärer Akne zieren sein Gesicht. Die mittelbraunen, dünnen Haare streicht Leon sich immer wieder ins Gesicht. Der 19-Jährige ist sich sicher, dass alle Frauen auf ihn stehen. Sein Selbstbewusstsein in Sachen Sex ist enorm.

Seine ersten Erfahrungen hat er schon sehr früh gemacht ...

*

Mit 11 Jahren kam Leon ins Heim. Seine Mutter war mit der Erziehung ihrer sechs Kinder einfach nicht mehr klargekommen. Die Frau hatte mit ihren eigenen Problemen zu kämpfen gehabt. Ein Lebenspartner hatte ihr Schulden hinterlassen, ein anderer war mit ihrer noch minderjährigen Tochter stiften gegangen.

Aber zurück zu Leon. Im Heim lernte er Manuel kennen, einen gleichaltrigen Jungen, mit dem er sich anfreundete. Die beiden Jungen verstanden sich großartig und verbrachten viel Zeit miteinander.

An einem grauen verregneten Tag im November saßen die beiden Jungen im Zimmer von Manuel und unterhielten sich über die Mädchen im Heim. Sie kamen auf zwei bestimmte Mädels zu sprechen und entschlossen sich, den beiden einen kleinen Besuch abzustatten, also machten sie sich auf und gingen in deren Zimmer hinüber. Das eine Mädchen – Leon meint sich zu erinnern, dass es Maria hieß – saß auf dem Bett. Leon ließ sich neben ihr nieder, während Manuel und das andere Mädchen auf dem Boden hockten. Zunächst plauderten die vier einfach miteinander. Schnell kamen sie auch auf das Thema Sex und sie tauschten sich über ihre Erfahrungen aus. Irgendwann verschwand die Freundin von Maria.

> Leon ist stolz auf sein bewegtes Sexualleben, das merkt man ihm an. Mit mehr als 300 Frauen habe er was gehabt, behauptet er.

Leon grinst. „Die sah eh scheiße aus", sagt er. Wenig später verließ auch Manuel das Zimmer.

Nun waren Leon und Maria allein. Dann ging alles ganz schnell. Sie zogen sich ihre Klamotten aus und ruck, zuck war es passiert. „Das hat keine zwei Minuten gedauert", erinnert sich Leon. Die beiden 11- und 12-jährigen Kinder lagen noch nackt auf dem Bett, als ein Erzieher ins Zimmer kam. Er stürzte auf die beiden zu und riss sie auseinander. Es folgte ein „Donnerwetter".

Von da an hatte Leon seinen Ruf im Heim weg. Kinder wie auch Erzieher mieden ihn und machten ihm das Leben schwer. Es kam so weit, dass er das Heim wechseln musste.

In den folgenden Jahren konnte Leon immer wieder einmal für einige Monate zurück zu seiner Mutter, doch im Grunde lebte er bis zu seinem 17. Lebensjahr im Heim. Und dort sammelte er reichlich sexuelle Erfahrung. „Wir hatten über kurz oder lang alle was miteinander", so Leon. Er erinnert sich noch an ein bestimmtes Mädchen – Isabel. „Die war total schräg drauf", sagt er. Das Mädchen hatte einen Dildo und wollte ihn auch beim Sex mit ihm zum Einsatz bringen. Isabel hatte überhaupt ganz spezielle Vorlieben. Einmal versuchte sie zum Beispiel, ihn beim Sex zu schlagen. „Das hat sie geil gemacht", erklärt Leon.

Als die Betreuer mitbekamen, wie aktiv Isabel in sexueller Hinsicht war, verschrieb man ihr lediglich die Pille. Das war es dann auch schon. Mehr Einfälle hatten die Erzieher in dieser Einrichtung nicht.

Leon kann sich heute nicht erinnern, dass sich jemals ein Erwachsener die Zeit genommen hätte, mit ihm über das Thema Sexualität zu sprechen. „Meine Mutter war weit weg und die Erzieher wollten nicht mit uns darüber reden." Möglicherweise fühlten sich die Erzieher mit dieser Aufgabe schlichtweg überfordert, doch umso erschreckender ist es, aus Leons Mund zu hören, dass sich einmal sogar eine Betreuerin an ihn „herangemacht" habe. „Sie stand vor mir, ganz eng und nah, und auf einmal hat sie versucht, mich zu küssen", erzählt er. „Dann ging sie ganz plötzlich wieder weg und wir haben nie mehr darüber gesprochen."

In dieser Situation kam es zwar nicht zum Äußersten, aber Leon hatte vorher schon sexuelle Erfahrungen mit älteren Frauen gemacht. Als er 15 war, lebte er für eine Weile mit seiner Mutter in einer Art Frauenhaus, wo er eine Frau von Ende 20 kennenlernte. Die beiden redeten miteinander, fanden sich sympathisch und lagen kurze Zeit später miteinander im Bett. Bei dieser Frau habe er viel gelernt, sagt Leon. „Die hatte einfach alles drauf."

Seitdem hat er schon mit vielen älteren Frauen geschlafen, erzählt er stolz und meint altklug: „Auf alten Schiffen lernt man halt segeln." Dann erzählt Leon von seiner letzten großen „Eroberung" vor wenigen Wochen. Er war auf einer Homeparty bei einem guten Freund und hatte sich, wie die anderen Partygäste auch, mit Alkohol und Drogen „vollgedröhnt". Die Mutter seines Kumpels war ebenfalls anwesend – allerdings nicht als Aufsichtsperson, sondern um mitzufeiern. Leon verstand sich hervorragend mit ihr. „Nach wenigen Minuten verschwanden wir im Wohnzimmer und kurz darauf war es dann auch passiert", erzählt der Junge grinsend. Die Frau sagte ihm anschließend, dass sie schon mit einigen Freunden ihres Sohnes geschlafen habe und lobte ihn für seine besondere „Leistung" im Bett. „Die war schon mit so vielen im Bett, dass das ein echtes Kompliment für mich ist", sagt er. Sein Freund weiß übrigens bis heute nichts von dieser Geschichte.

Leon ist stolz auf sein bewegtes Sexualleben, das merkt man ihm an. Mit mehr als 300 Frauen habe er was gehabt, behauptet er. Aber ob es nun doch „nur" 100 oder 200 waren – letztendlich macht das keinen Unterschied. Früher waren die Kinderheime sein bevorzugtes „Jagdrevier", heute sind es Klubs und Discotheken. Sein Leben dreht sich praktisch nur um Sex. Er hat keinen vernünftigen Schulabschluss und keine Ausbildung und dementsprechend auch kein Geld. Er lebt von seiner Mutter, die eigentlich selbst nicht genug Geld hat. Sex ist das Einzige, worüber Leon sich definieren kann. Das ist das Gebiet, auf dem er zeigen kann, was er „draufhat".

Der Junge hat zurzeit übrigens eine feste Freundin. Mit ihr hat er ganz selbstverständlich ungeschützten Sex – wie mit den Mädchen zuvor auch. Er erzählt, dass kürzlich ein guter Freund von ihm mit einem Mädchen geschlafen habe, das, wie eben dieser Freund im Nachhinein erst erfahren habe, an Aids erkrankt sei. Leons jetzige Freundin lag danach auch mit diesem Kumpel im Bett.

Leons Blick ist leer, als er sagt: „Wenn die sich was gefangen und anschließend mich angesteckt hat, dann mache ich nur noch rum. Dann nehme ich alle mit."

Sex als Leistungsmaßstab

Viele Kinder und Jugendliche sehen sich heute unter dem Druck, Sex haben zu müssen. Das Internet, die Musiksender und leider häufig auch andere Fernsehsendungen lassen unsere Kinder heute Bilder sehen, die sie nicht mehr aus ihren Gedanken bekommen und die sie schließlich als Anleitung für das eigene Leben nehmen. Darüber hinaus hat auch der Freundeskreis einen großen Einfluss. In den Cliquen vieler Arche-Kinder ist, wie bereits beschrieben, der Druck von außen, möglichst früh und möglichst oft Sex zu haben, enorm groß und nur wenige halten diesem Druck stand. Ich kann das gut nachvollziehen. Ich selbst, auf St. Pauli aufgewachsen, wurde im Alter von 16 Jahren immer wieder gefragt, ob ich schon einmal Sex mit einer Frau hatte, und wenn man diese Frage immer wieder hört, stellt man sich schnell selbst unter Druck.

Was auffällt, ist, wie sehr manche Jugendliche, darunter auch schon Kinder im Alter von 13 Jahren, mit ihren sexuellen Erfahrungen prahlen – wie ein Indianer, der sich für jedes Bleichgesicht, das er getötet hat, eine Kerbe in seinen Tomahawk ritzt. Viel zu oft habe ich schon gehört, dass ein Junge so etwas sagte wie: „Ich habe jetzt schon bald mit zwanzig Mädchen geschlafen", oder: „Ich hatte schon öfter Sex als meine Freun-

110

din und ich bin stolz darauf." Sex ist für viele Jugendliche ein Leistungsmaßstab. Auf diesem Gebiet können sie zeigen, was sie „draufhaben". Hier können sie mit vermeintlichen Erfolgen aufwarten, denn oft genug wird ihnen vermittelt, dass sie sonst nichts können – in der Schule wie zu Hause.

Viele Jugendliche wie Michaela, Erik und Michael ziehen aus sexuellem Verkehr ihre Bestätigung: Je mehr Sex, desto besser.

Der Sex hat für sie aber auch noch den Nebeneffekt, dass sie dort vermeintlich die Gefühle erleben, die ihnen eigentlich ihre Eltern vermitteln sollten. Beim Sex erlebt so mancher junger Mensch zum ersten Mal körperliche Zuneigung. Viele der Kinder, mit denen wir tagtäglich zu tun haben, saßen noch nie auf dem Schoß ihrer Eltern oder wurden gar in den Arm genommen.

Die zahllosen Gespräche, die wir mit jungen Menschen geführt haben, ergaben eigentlich ein relativ einheitliches Bild: Fast jeder, egal, wie viele oder wie wenige sexuelle Kontakte er oder sie hatte, sehnte sich nach einem liebevollen Beziehungspartner. Fast alle wünschten sich für die Zukunft einen festen Ehepartner und eine Familie mit einem oder sogar mehr Kindern.

Diese Wünsche zeigen deutlich, dass Kinder eigentlich nicht sexuell verwahrlost aufwachsen wollen. Es zeigt, dass keines von ihnen unter sexuellem Leistungsdruck stehen oder all die Bilder konsumieren möchte, denen sie so oft ausgesetzt sind. Ihre Suche nach Verbindlichkeit, Treue, echten Beziehungen und Liebe bleibt für sie oft ergebnislos und sie verrennen sich in ihre eigenen sexuellen Probleme. Mädchen werden viel zu früh Mutter und stehen vor der Herausforderung, ihren Kindern Liebe zu schenken, ohne selbst je echte Liebe empfangen zu haben. Jungs werden im Gegenzug durch den häufigen Partnerwechsel zu beziehungsunfähigen Liebhabern.

Der Leistungsdruck wird irgendwann zwangsläufig zum Platzen führen. Er wird niemandem wirklich Freude oder Befriedigung bereiten. Doch wer gibt diesen jungen Menschen echte Liebe und holt sie aus diesem Teufelskreis heraus? Leider verurteilen wir häufig viel zu schnell, ohne Lösungen zu suchen und wieder Werte zu vermitteln und liebevoll mit der nachwachsenden Generation umzugehen.

Der Leistungsdruck, unter den sich viele Teenager in Bezug auf Sexualität stellen, ist ein Hilferuf, den wir nicht überhören dürfen!

Felix

Felix ist ein ganz normaler 20-Jähriger. Seine Haare sind halblang und in der Mitte zu einem modernen Iro hochgegelt. In der Unterlippe hat er ein Piercing, einen Ring. Er trägt modisch zerrissene Jeans, ein T-Shirt mit einem coolen Spruch darauf und Sneakers. Mit seiner Freundin im Arm schlendert er durch die Berliner Mitte. Manu ist ebenfalls 20 Jahre alt. Sie hat lange schwarze Haare, ist braun gebrannt und trägt ebenfalls einen Ring in der Lippe. Auch am Bauchnabel glitzert ein kleiner heller Stein.

So weit ein relativ normales Bild.

Doch dann fällt der Blick des Betrachters auf den Kinderwagen, den Felix vor sich herschiebt. Darin liegt die kleine Laura. Das Kind ist ein Jahr alt. „Es war kein Wunschkind, eher ein Unfall", sagt Felix heute. Er hat Manu in einem Berliner Klub kennengelernt. Noch am selben Abend landeten die beiden Jugendlichen im Bett. An Verhütung dachte keiner von ihnen.

Das Ergebnis dieser Nacht liegt heute im Kinderwagen. Doch die beiden wollen zusammenbleiben, wünschen sich eine dauerhafte Beziehung. Im Moment sind sie glücklich. Beide haben schon eine Menge hinter sich und sind sich sicher, beieinander endlich die

Geborgenheit gefunden zu haben, nach der sie sich immer gesehnt haben.

Felix kommt aus einer Berliner Plattenbausiedlung, aus Marzahn. Er hat noch einen Bruder und eine Schwester. Doch weder zu ihnen noch zu seiner Mutter hat er heute Kontakt, obwohl alle nur wenige Hundert Meter auseinander wohnen. Seinen Vater hat er nie kennengelernt. Der Mann war auch nur wenige Monate mit seiner Mutter zusammen. Diese hatte aber bald darauf wieder andere Beziehungen. Mit drei Jahren bekam Felix dann ein Brüderchen und knapp eineinhalb Jahre später auch noch eine Schwester.

> Im Kinderwagen liegt die kleine Laura. Das Kind ist ein Jahr alt. „Es war kein Wunschkind, eher ein Unfall", sagt Felix.

Den Kindern wurden immer wieder neue „Väter" vorgestellt, doch auch von ihnen blieb keiner länger als ein halbes Jahr. Felix, der ein sehr lebendiges Kind war, störte oft, wenn seine Mutter mit dem jeweils neuen Mann Zeit verbringen wollte. Wenn der Junge lautstark die Aufmerksamkeit der Erwachsenen einforderte, setzte es hin und wieder auch mal Schläge. Felix verlor schon in jungen Jahren das Vertrauen in seine Mutter. Er hasste sie regelrecht, erzählt er heute.

Ständig ging die Frau mit ihren wechselnden Männerbekanntschaften aus und ließ ihre Kinder in der Obhut einer Nachbarin oder Freundin, und manchmal, wenn sie niemanden fand, der auf die Kleinen aufpasste, ließ sie sie sogar allein. Dann war Felix für seine kleineren Geschwister verantwortlich.

Irgendwann kam es, wie es kommen musste. Die Mutter hatte Felix wieder einmal mit seinen Geschwistern allein gelassen. Der Junge fühlte sich der Verantwortung jedoch nicht gewachsen. Schließlich wusste er sich nicht mehr anders zu helfen, als trotz der Eiseskälte, die an diesem Winterabend herrschte, das Fenster sperrangelweit zu öffnen, auf das Fensterbrett zu steigen und um Hilfe zu rufen. Seine beiden Geschwister weinten laut. Ein Nachbar wurde auf das Spektakel aufmerksam und rief die Polizei, die glücklicherweise rechtzeitig kam, bevor etwas passierte. Sie brach die Tür auf und brachte die Kinder erst einmal zum Kindernotdienst. Nachdem die Mutter ausfindig gemacht und der Sachverhalt aufgenommen worden war, wurden Mutter und Kinder ohne Weiteres wieder nach Hause geschickt.

Die Mutter war stinksauer darüber, dass Felix ihr diese Geschichte „eingebrockt" hatte, und das ließ sie ihren Sohn auch spüren, auch körperlich. Der Junge musste reichlich „einstecken" – von seiner Mutter, aber auch von deren derzeitigem Freund. Dieser übergoss Felix zur Strafe für den ganzen Ärger, den er ihnen mit der Fensteraktion gemacht hatte, mit Wasser, das gerade so heiß war, dass keine Verbrennungen sichtbar wurden, er aber vor Schmerzen schreien musste. Darüber hinaus musste der Junge eine Woche lang in seinem abgedunkelten Zimmer bleiben.

Felix hatte aber Glück im Unglück. Eine Erzieherin in der Kindertagesstätte merkte, dass etwas nicht stimmte, und verständigte das Jugendamt, das Felix daraufhin in einer Pflegefamilie unterbrachte.

Die Mutter des Jungen war darüber nicht unglücklich. Sie hatte noch nie mütterliche Gefühle für das schwierige Kind gehabt. Auch Felix war froh, dass er von zu Hause weg war, zumal er es mit seiner Pflegefamilie gut getroffen hatte. Seine neuen Eltern bemühten sich sehr um ihn. Der Pflegevater war Psychologe und begann sogar eine Therapie mit ihm. Je mehr der Mann aus der Vergangenheit des Jungen erfuhr, desto mehr Sorgen machte er sich um das Wohl von Felix' jüngeren Geschwistern, die bei der Mutter hatten bleiben dürfen. Schließlich rang er sich dazu durch, das Jugendamt zu informieren.

Mitarbeiter des Amtes schauten nach dem Rechten, kamen allerdings zu dem Schluss, dass den Kindern keine Gefahr drohe. Die Mutter hatte ihnen erzählt, dass sie mit Felix nicht klargekommen sei, habe lediglich daran gelegen, dass er sie immer wieder an den Vater des Jungen erinnert habe, und in diesen Momenten seien wohl die Pferde mit ihr durchgegangen. Diese Begründung genügte den Behörden wohl. Sie sahen bezüglich der jüngeren Geschwister von Felix jedenfalls keinen Handlungsbedarf – schließlich kostet die Unterbringung von zwei weiteren Kindern in staatlichen Einrichtungen ja auch viel Geld.

Doch zurück zu Felix. Das neue Umfeld tat ihm definitiv gut. Mit Rückenstärkung seiner neuen Familie schaffte er sogar das, woran früher keiner wirklich geglaubt hatte: Er machte im Alter von 18 Jahren sein Abitur.

Vor ca. eineinhalb Jahren lernte er dann Manu kennen. Diese verdiente zu diesem Zeitpunkt noch ihr Geld als Prostituierte. Sie war sehr früh in die Szene gelangt, nachdem sie im Alter von 14 Jahren mit einem Mann geschlafen hatte, der ihr damals rund 20 Euro dafür gegeben hatte. Das hatte sie auf den Geschmack gebracht. Fast drei Jahre arbeitete sie als Prostituierte, obwohl sie sich eigentlich zutiefst vor diesem „Job" ekelte. Als sie Felix kennenlernte, hatte sie aber den Mut, endlich damit aufzuhören. Sie ist ihm heute endlos dankbar dafür, dass er sie da rausgeholt hat.

Felix macht das Vorleben seiner Freundin nichts aus. „Vorbei ist vorbei", sagt er. Er selbst war, als er Manu kennenlernte, in sexueller Hinsicht noch nicht so erfahren. Mit 15 Jahren hat er das erste Mal mit einem Mädchen geschlafen. „Es war ganz okay", sagt er, aber auch nichts Besonderes. Danach hatte er noch zwei weitere Freundinnen.

Manu hat Felix erst kürzlich ihr größtes Geheimnis verraten. In der Zeit, in der sie als Prostituierte gearbeitet hat, hat sie einen regelrechten Ekel gegenüber Männern entwickelt. Eigentlich wollte sie nur noch mit Frauen schlafen. Bei Felix hat sie das erste Mal wieder eine Ausnahme gemacht. Auch heute fühlt sie sich noch sehr zu Frauen hingezogen. Hin und wieder erwischt sie sich noch dabei, dass sie einer hübschen Frau hinterherguckt.

> Manu arbeitete als Prostituierte. Sie war sehr früh in die Szene gelangt, nachdem sie im Alter von 14 Jahren mit einem Mann geschlafen hatte, der ihr damals rund 20 Euro dafür gegeben hatte.

Im Moment ist Manu dabei, ihr Fachabitur zu machen. Früher hat sie die Schule nicht sehr ernst genommen. Sie hat immer wieder den Unterricht geschwänzt, bis sie die Schule schließlich ohne Abschluss verlassen hat. Doch jetzt hat sie Ziele für ihr Leben.

Wie Felix auch. Er hat vor, Psychologie zu studieren. Felix weiß, dass sein Leben auch völlig anders hätte verlaufen können. So wie das seiner Geschwister. Die beiden haben keinen Schulabschluss, sie leben in einer völlig anderen Welt als er, irgendwo zwischen Drogen, Alkohol und Beschaffungskriminalität. Das hat er erfahren, als kürzlich die Polizei bei ihm klingelte, weil sie auf der Suche nach Felix' Bruder war, der polizeilich im Moment nicht gemeldet ist. „Vielleicht muss ich meiner Mutter ja sogar dankbar sein", sagt Felix heute. „Wäre ich nicht in meine Pflegefamilie gekommen, würde ich heute vielleicht leben wie meine Geschwister", sagt er.

Felix und Manu geben einander Halt. Als sie einander getroffen haben, waren sie lediglich auf der Suche nach körperlicher Liebe, da ihnen das Gefühl von Geborgenheit bis dahin lange verwehrt worden war. Wenn man es so will, hatten die beiden „Glück", dass sie einander gefunden haben.

Nun wird sich zeigen, wie viel ihnen die Partnerschaft wert ist, nach der sie eigentlich schon so lange gesucht hatten. Es ist ihnen zu wünschen, dass sie mit großen Schritten vorwärtsgehen und sich richtig kennen- und lieben lernen können.

Tristan

Eigentlich sollte man denken, dass Tristan die besten Voraussetzungen für ein fantastisches Leben hat. Seine Eltern verdienen beide gutes Geld – der Vater ist ein erfolgreicher Unternehmer, die Mutter Lehrerin – und Tristan ist hochintelligent. Für die Schule braucht er nicht viel zu tun. Er muss eigentlich nur zum Unterricht gehen. Denn das Lernen fällt ihm leicht. Wenn er den Lehrern zuhört und den Unterrichtsstoff einmal liest, dann reicht das schon.

Trotzdem musste Tristan die elfte Klasse wiederholen. Er war zwei Monate lang nicht in der Schule aufgetaucht, und das ließen ihm die Lehrer nicht durchgehen, zumal er immer wieder negativ auffällt. Er geht keiner Schlägerei aus dem Weg und ist bei vielen seiner Mitschüler gefürchtet. Der Junge ist ja auch eine imposante Erscheinung. 1,89 Meter groß, dunkle lange Haare und breite Schultern. Seine muskulösen Arme sind tätowiert und auf der linken Unterlippe trägt er einen Ring.

Tristan hat keine Geschwister. Schon er sei ein Unfall gewesen, hat ihm seine Mutter vor langer Zeit einmal gesagt. Sie musste wegen ihm zwei Jahre im Beruf aussetzen, und das hat sie ihm wohl nicht verziehen.

Das ist wahrscheinlich auch einer der Gründe, warum seine Eltern ihm nie das Gefühl vermittelt haben, wirklich geliebt zu werden und erwünscht zu sein. Daher versuchte er schon früh, sich die Liebe und Anerkennung, die ihm zu Hause verwehrt blieben, auf andere Weise zu holen ...

Mit knapp 12 Jahren hatte er das erste Mal Sex; seine damalige Freundin war 15. Sie hat ihm viel beigebracht, sagt er. Sarah, so heißt dieses Mädchen, geht heute, mit 20 Jahren, übrigens auf den Strich.

Seitdem hat Tristan immer wieder wechselnde Beziehungen. Heute ist er 17 Jahre alt und Vater einer kleinen Tochter. Er sieht die Kleine allerdings kaum, da er mit der Mutter völlig zerstritten ist.

> Tristan versuchte schon früh, sich die Liebe und Anerkennung, die ihm zu Hause verwehrt blieben, auf andere Weise zu holen ...

Seit einiger Zeit ist Tristan Mitglied einer Motorradgang. Das Klubabzeichen mit der Mitgliedsnummer trägt er stolz als Tätowierung auf dem rechten Oberarm.

Mitglieder der Gang kontrollieren große Bereiche des illegalen Drogenhandels. Auch Tristan verdient sich sein Geld in diesem Geschäft. Nötig hat er das Geld nicht, bekommt er doch sowohl vom Vater als auch von der Mutter, die inzwischen getrennt leben, jeweils einen großen Geldbetrag – insgesamt fast 400 Euro Taschengeld im Monat. Davon können seine Freunde nur träumen. Tristan gibt das Geld mit vollen Händen aus. Er schmeißt Partys und lässt sich auch sonst nicht lumpen. Doch er handelt nicht nur mit Drogen, er nimmt selbst auch seit seinem 14. Lebensjahr Kokain.

Darüber hinaus ist Tristan in der Vergangenheit hin und wieder in Wohnungen eingestiegen, um zu klauen, was nicht niet- und nagelfest war – auch das tat er nicht, weil er es nötig hatte, sondern einfach weil es ihm einen Kick brachte.

Bei der Polizei ist Tristan daher schon bestens bekannt. Siebenmal wurde er bereits festgenommen, erst kürzlich wieder nach einer Razzia in den Klubräumen der Biker. Doch wie schon so oft zuvor wurden lediglich seine Personalien aufgenommen, danach durfte er wieder gehen. Im Knast war er noch nicht. Bei dem Gedanken daran grinst Tristan nur. Die Berliner Justiz nimmt er nicht für voll. Weicheier seien das, so der Junge.

Die Motorradgang ist für den Jungen eine Art Familienersatz geworden. Hier erlebt er ein Zusammengehörigkeitsgefühl, das er zu Hause nie erfahren hat. Seine aktuelle Freundin kennt er ebenfalls aus der Gruppe. Sie ist sechs Jahre älter als er und war schon mit einigen Mitgliedern der Gruppe zusammen – auch mit dem Boss. Das macht Tristan stolz, denn damit ist er jemand.

Kürzlich wurde seine Freundin in einer Disco von einem anderen angebaggert. Sie rief Tristan an, der sofort zusammen mit einem anderen Gangmitglied anrückte und den Betreffenden zusammenschlug. Danach fuhr der Junge mit seiner Freundin in das Klubhaus der Gang, wo die beiden dann zuerst einmal miteinander schliefen.

Die Freundin, Alice heißt sie, steht übrigens auf Experimente beim Sex. Sie liebt vor allem Fesselspiele, erzählt Tristan, und das macht auch ihn an. Auf normalen Sex kann der Junge inzwischen verzichten. Das turnt ihn nicht mehr an, so sagt er. Kürzlich hatten die beiden im Beisein eines weiteren Pärchens, das ebenfalls miteinander „zugange" war, Sex. Auch das gefiel ihm. Vorher hatten sie noch gekokst. Das gehört für Tristan dazu. „Warum soll ich auf etwas verzichten, was mir Spaß macht?"

Ziele für die kommenden Jahre hat Tristan nicht. Die Schule hätte er schon längst geschmissen, doch einige Gangmitglieder haben ihm dazu geraten, weiter hinzugehen. Zum einen, weil dieses „normale Schülerleben" für ihn ein Stück weit Tarnung ist, da er so aus dem Fokus der Polizei rückt, zum anderen kann er auf dem Schulhof gut dealen.

Ob Tristan die Schule schafft, steht in den Sternen. Eineinhalb Jahre hätte er noch bis zum Abitur, schaffen könnte er es mit links; eine tolle Zukunft läge dann vor ihm. Seine Eltern würden ihm ein Studium finanzieren, auch im Ausland. Doch Tristan hält seine „Alten" für Spießer. Ihn reizt das Risiko, der Kick, die tägliche Spannung. Wo sein Leben hinführt, weiß im Moment niemand, Tristan selbst am wenigsten.

Eine Generation, die ohne Ziele, Liebe und Geborgenheit aufwächst, sucht sich einen eigenen Weg und verletzt sich und andere, ohne dass die Masse sich daran stört.

Chris

Chris sieht hervorragend aus. Er hat blonde Haare, die ihm bis auf die Schultern reichen, und ist fast 1,95 Meter groß. Der 22-Jährige arbeitet als Model und ist bei den Mädchen, wie man sich vorstellen kann, sehr beliebt.

Doch das Leben ist für den vermeintlichen Sunnyboy bisher nicht immer leicht verlaufen ...

*

Die Eltern von Chris trennten sich, als der Junge gerade einmal 5 Jahre alt war. Chris zog mit seinem Vater nach Kanada, wo dieser für eine große russische Firma arbeitete, während sein jüngerer Bruder bei der Mutter in Köln blieb.

Chris fügte sich relativ schnell in das neue Umfeld ein. Er lernte innerhalb kurzer Zeit Englisch und Französisch, die Sprachen, in denen der Unterricht an seiner kanadischen Schule abgehalten wurde, und wurde sogar einer der besten Schüler seiner Klasse. Trotzdem fühlte er sich nicht richtig wohl in seiner neuen Heimat, er hatte Heimweh – auch nach seiner Mutter. Fast täglich telefonierte er mit ihr und in den Ferien flog er immer nach Deutschland.

Der Vater war sehr viel auf Geschäftsreise, doch er hatte ein Kindermädchen eingestellt, das sich um den Jungen kümmerte. Der Vater war zeitweise nur jedes zweite Wochenende zu Hause bei seinem Sohn und merkte dabei gar nicht, wie sehr dieser sich wünschte, mehr Zeit mit ihm zu verbringen, wo er schon seine Mutter so gut wie nie sah.

Auf einer seiner Geschäftsreisen lernte Chris' Vater eine Frau kennen, die er nach kurzer Zeit auch schon heiratete. Das machte die Situation für Chris nicht leichter. Der Vater schien nun noch weniger Zeit für ihn zu haben und zu seiner Stiefmutter konnte oder vielmehr wollte er keine richtige Beziehung aufbauen. Immerhin hatte er ja eine Mutter, die er liebte.

Als Chris 15 war, kam er durch einen Klassenkameraden mit der kanadischen Technoszene in Kontakt. Er fing nach einer gewissen Zeit sogar an, als DJ aufzulegen und selbst erste kleinere Tracks zu produzieren, was ihm sehr viel Spaß machte.

Die Situation zu Hause besserte sich indes nicht. Chris hatte einfach nicht das Gefühl, dort willkommen und geliebt zu sein. Schließlich kam es zu einem Ereignis, das das Fass für Chris zum Überlaufen brachte. Sein Vater wollte in den Weihnachtsferien mit seiner neuen Frau zum Skifahren und Chris sollte mit. Doch dieser wollte unbedingt nach Deutschland. Die Mutter redete ihrem Sohn am Telefon jedoch zu, doch mit dem Vater zu fahren, da sie selbst ebenfalls vorhatte, in diesem Jahr mit ihrem neuen Freund in Urlaub zu fliegen. Der kleine Bruder von Chris würde auch nicht mitfahren, sondern in dieser Zeit bei einem Schulfreund bleiben.

Chris war am Boden zerstört. Er hatte sich so danach gesehnt, seine Mutter, seinen Bruder und seine deutschen Freunde wiederzusehen, und nun sollte nichts daraus werden.

Das war zu viel für ihn. Er beschloss abzuhauen, und so verließ er wenige Tage später morgens in aller Stille das Haus seines Vaters. Chris, der zu diesem Zeitpunkt gerade einmal 16 Jahre alt war, flog mit einer gefälschten Erlaubnis seines Vaters nach Paris. Sein alter Herr merkte erst nach einer Woche, dass der Junge weg war. Doch auch dann unternahm er keine größeren Versuche, Chris zu finden.

Dieser tauchte zunächst in der Pariser Techno-Untergrundszene unter, wo er schon nach wenigen Tagen die knapp zwei Jahre ältere Marie kennenlernte. Er zog bei ihr ein, und es dauerte auch nicht lang, bis die zwei sich näherkamen und schließlich auch miteinander im Bett landeten.

Chris blieb eine ganze Weile bei Marie. Die guten Kontakte des Mädchens zu vielen Klubs und Veranstaltern brachten ihm unzählige Engagements als DJ. Er wurde so etwas wie der Star der Untergrundszene. Vor allem in stillgelegten U-Bahn-Tunneln legte er auf – oft vor Tausenden von Menschen.

Hin und wieder meldete er sich bei seiner Mutter, wobei er ihr jedoch nicht sagte, wo er war. Kontakt zu seinem Vater hatte er nicht.

Nach acht Monaten trennte Chris sich von Marie. Sie hatte angefangen, von gemeinsamen Kindern zu sprechen. Das ging Chris doch zu schnell und so verließ er die Wohnung und damit auch das Mädchen. In den kommenden Monaten fand er immer wieder bei anderen Mädchen Unterschlupf – und sexuelles Vergnügen. Fest binden wollte er sich allerdings nicht. Sobald eine mehr wollte als nur belangloses Geplänkel, war Chris weg. Er hatte mittlerweile viele Bekannte in der Stadt und fand deshalb auch immer wieder eine neue Unterkunft.

Nach rund 15 Monaten hatte er die Nase von diesem Leben voll und zog zu seiner Mutter nach Köln. Dort ging er auf eine Privatschule und machte mit 19 Jahren sein Abitur. Als Chris mit Erfolg die Schule verließ, bekam er einen Modelvertrag. Vor sechs Monaten hat er sich an der Uni eingeschrieben. Er studiert jetzt Jura. Doch er ist nach wie vor als Model und auch als DJ sehr erfolgreich und verdient auch gutes Geld.

> Chris fand immer wieder bei anderen Mädchen Unterschlupf – und sexuelles Vergnügen.

Zwar haben sich seine äußeren Lebensumstände mittlerweile geändert, aber auf seinen Umgang mit Mädchen trifft das noch lange nicht zu. Ständig hat er eine neue Freundin, nie hält er es lange bei einer aus. Seine Angst vor einer festen Partnerschaft scheint immer größer zu werden. Hinzu kommt, dass er, was das Aussehen angeht, hohe Ansprüche an die Frauen stellt. Sie müssen bildschön sein.

Zu seiner Mutter und zu seinem Bruder hat er engen Kontakt, mit seinem Vater telefoniert er höchstens zweimal im Jahr. Der Mann zeigt nach wie vor wenig Interesse an seinem Sohn. Mit der neuen Frau ist übrigens auch schon wieder Schluss.

Chris weiß, dass sein Umgang mit Frauen nicht in Ordnung ist – weder den Frauen gegenüber noch für ihn selbst. Er glaubt, dass er seine Unfähigkeit, längere Bindungen einzugehen, von seinem Vater hat. Doch möglicherweise hängt es einfach auch damit zusammen, dass er in seiner Kindheit gelernt hat, sein Herz nicht an einen Menschen zu hängen, der die Liebe, die man ihm entgegenbringt, nicht erwidert.

Ob er selbst einmal Kinder haben will, weiß Chris noch nicht. Seit einer Woche hat er wieder eine neue Freundin. Das Mädchen wollte gleich bei ihm einziehen, doch das hat Chris zu verhindern gewusst.

Nena

So hatten sich Nenas Eltern das Leben ihrer Tochter nicht vorgestellt ...

*

Nenas Vater ist selbstständig, er leitet ein Unternehmen mit mehr als 80 Angestellten, ihre Mutter ist Grundschullehrerin. Nena war für das Ehepaar ein absolutes Wunschkind. Doch kurz nach der Geburt kam der Schock: Die Ärzte stellten bei dem Baby einen Herzfehler fest. Man erklärte den Eltern, dass das Mädchen wahrscheinlich nie ganz gesund sein würde.

Für das Ehepaar brach eine Welt zusammen.

Zunächst wuchs Nena jedoch heran wie jedes andere Kind in ihrem Alter auch. Als sie 2 Jahre alt war, bekam sie einen kleinen Bruder, der glücklicherweise kerngesund war. Auch Nena wirkte auf den unbedarften Betrachter absolut gesund. Man sah ihr die Krankheit äußerlich nicht an. Doch sie litt oft an Erschöpfungserscheinungen und musste immer wieder ins Krankenhaus. Mit der Zeit kannte sie dort jeden Arzt und jede Krankenschwester und war beim Krankenhauspersonal äußerst beliebt – genau wie in der Schule.

Obwohl Nenas Krankheit omnipräsent war, wurde in der Familie doch nie darüber gesprochen, und so blieb Nena mit ihren Ängsten und Sorgen allein. Die Krankheit veränderte sie nach und nach, machte ihr nicht nur körperlich, sondern zunehmend auch innerlich zu schaffen. Vielleicht hatte das Mädchen das Gefühl, vom Schicksal betrogen zu sein, jedenfalls wurde es mit der Zeit immer gieriger nach dem Leben und nach dem, was es ihr zu bieten hatte. Dazu gehörten auch Jungs.

An ihrem 12. Geburtstag präsentierte Nena ihren geschockten Eltern schließlich ihren ersten Freund: einen 17-jährigen Punker mit grellen roten Haaren und unzähligen Tätowierungen. „Mama, Papa, der Marcel hat keine eigene Wohnung", erklärte sie ihren Eltern. „Kann er bei mir übernachten?"

Nenas Vater war fassungslos. Als das Mädchen ihm dann offenbarte, dass es bereits mit dem Jungen geschlafen hatte, rastete er förmlich aus.

Doch Marcel war schnell vergessen. Stattdessen brachte Nena nun aber ständig neue Freunde mit nach Hause. Sie machte regelrecht Jagd auf Jungs. Durch ihr Verhalten verlor sie innerhalb kurzer Zeit ihre besten Freundinnen, die sich im Gegensatz zu ihr noch für Pferde und andere „Kleinmädchensachen" interessierten, und so wurde Nena im Grunde immer einsamer. Hinzu kam, dass ihre Leistungen in der Schule stetig abnahmen. Die Eltern und Lehrer waren ratlos, sie wussten einfach nicht mehr, was sie noch machen sollten.

Mit 13 lernte Nena dann eine Punkerin kennen, mit der sie sich anfreundete und die sie in die Berliner Punkszene auf dem „Alex" einführte, wie der Alexanderplatz in Berlin-Mitte von vielen liebevoll genannt wird. Manchmal verbrachte Nena ganze Tage und Nächte bei ihren neuen Freunden auf dem Platz.

Die Eltern redeten auf ihre Tochter ein in der Hoffnung, ihr Vernunft beizubringen, aber es änderte nichts am Verhalten des Mädchens. Im Gegenteil. Mit 14 hatte Nena die Nase voll von den „Vorträgen" ihrer Eltern, und sie zog zu ihrem derzeitigen Freund, der knapp drei Jahre älter war als sie.

> Nena brachte ständig neue Freunde mit nach Hause. Sie machte regelrecht Jagd auf Jungs.

Die beiden Jugendlichen führten richtiggehend das Leben eines typischen Spießerpaares. Sie waren fast nur zu Hause, brachen den Kontakt zu allen Freunden ab und waren sich selbst genug. Nena besuchte in dieser Zeit zwar weiter die Schule, doch ihre Leistungen ließen weiter nach und schließlich musste sie sogar eine Klasse wiederholen. Nach ein paar Monaten war auch mit diesem Jungen wieder Schluss und Nena kehrte widerwillig zu ihren Eltern zurück.

Auch wenn diese nun wieder räumlich näher an ihrer Tochter „dran" waren, so gelang es ihnen immer noch nicht, die innere Distanz zwischen ihnen und dem Mädchen zu überbrücken. Nena war voll und ganz in ihrer eigenen Welt gefangen. Sie hatte immer noch mit ihrem Herzfehler zu kämpfen und mittlerweile waren auch noch weitere Krankheiten hinzugekommen, sodass sie immer häufiger in die Klinik musste. Darüber hinaus litt sie unter Depressionen.

Ihre „Jagd" auf Jungs hatte deshalb aber kein Ende. Doch bei einer Klassenfahrt an den Bodensee kam es dann zum ganz großen Knall. Nena schlich sich an einem Abend in das Zimmer von vier Jungs aus ihrer Klasse. Die Stimmung heizte sich auf und schließlich befriedigte das Mädchen alle vier Jungs oral. Einer von ihnen wollte daraufhin mehr, doch Nena wollte nicht. Der Junge akzeptierte ihr Nein nicht und drängte sie immer weiter. Angespornt von seinen Freunden zwang er das Mädchen schließlich zum Sex.

Wieder zu Hause, zeigte Nena den Jungen an, doch weder die Lehrer noch ihre Mitschüler glaubten ihr, dass das Ganze gegen ihren Willen passiert war. „Wie kannst du denn sagen, dass du das nicht wolltest, wo du vorher gleich mit vier Jungs im Bett warst?", meinten sie.

Es folgte eine lange juristische Schlacht, die im Grunde für alle Beteiligten negativ endete. Beide, sowohl der Junge als auch Nena, mussten die Schule wechseln. Nena hatte ihren Ruf endgültig weg, und ihr Bruder, der auf dieselbe Schule ging wie sie bis dahin, musste das Gerede seiner Mitschüler ertragen.

Inzwischen ist der Vorfall bei vielen in Vergessenheit geraten – bei Nena allerdings nicht. Das Mädchen ist heute etwas abgeklärter, doch wirklich geändert hat sie sich nicht. Die Sorge, irgendetwas zu verpassen, treibt sie immer noch um. Sie will das Leben in vollen Zügen genießen. Gerade hat sie es erst auf der Feier ihres 17. Geburtstags richtig krachen lassen. Nena feiert gerne, sie trinkt reichlich Alkohol und nimmt hin und wieder auch Drogen. Sie wechselt immer noch ständig ihre Partner. Mit Freundinnen tut sie sich schwer, auch mit längeren Bekanntschaften.

Die Eltern gehen mit ihr zum Psychologen. Über ihre Krankheit sprechen sie allerdings immer noch nicht mit ihr. Auch Nena selbst meidet das Thema.

Kürzlich klingelte es bei mir an der Tür. Als ich öffnete, stand Nena vor mir. An der Hand hatte sie einen Jungen. „Hi", sagte sie, „ich will dir meinen neuen Freund vorstellen. Ist der nicht süß?"

Die Suche nach Geborgenheit

Um sicher durchs Leben gehen zu können, braucht ein Mensch ein festes Fundament. Eine solide Basis, die einem Halt gibt, wenn man sich streckt, um neue Höhen zu erklimmen. Einen sicheren Hafen, in den man einkehren kann, wenn man mit seinen Anstrengungen gescheitert ist. Einen Rückzugsraum, in dem man Kraft für das sammelt, was vor einem liegt. Was aber bildet diese Basis?

Im Wesentlichen sind es drei Dinge:

Ganz entscheidend sind *Werte,* also abstrakte Vorstellungen, die eine Gruppe von Menschen in Bezug auf das hat, was gut, schlecht und wünschenswert ist, also soziale Richtlinien und Regeln, die beschreiben, was in einer bestimmten Situation als angemessen gilt. Sie bestimmen maßgeblich, wie wir unserem Nächsten gegenübertreten und diesen wahrnehmen.

Bildung ist der Unterbau unseres Intellekts. Sie ist entscheidend für ein vernünftiges Handeln im Umgang mit anderen Menschen und der Umwelt.

Das emotionale Fundament eines jeden Menschen lässt sich mit dem Begriff *Geborgenheit* umschreiben. Erst das Gefühl der Geborgenheit befähigt uns zu lieben, zu vertrauen und Bindungen und Beziehungen einzugehen. Dieser Grundstein für eine feste Basis wird im Idealfall schon vom ersten Tag an im Leben eines Menschen gelegt, und zwar von den Personen, die für ihn verantwortlich sind – in der Regel also von den Eltern, später aber auch von anderen Menschen.

Vermittelt wird dieses Gefühl von Geborgenheit durch emotionale Nähe, also zum Beispiel durch das Schenken von Aufmerksamkeit oder das Teilen von Freud und Leid, aber auch durch körperliche Nähe, also zum Beispiel durch eine Umarmung o. Ä. Hat ein Mensch in seinem Leben nie Geborgenheit erfahren, wird er zu einem Gefühlskrüppel, er verwahrlost emotional.

Betrachtet man unsere Gesellschaft, fällt es nicht zu schwer zu glauben, dass emotionale Verwahrlosung nicht nur ein Problem der Unterschicht ist. Mit Geld, das man zum Beispiel in eine gute Schulbildung investiert, ist es möglich, Werte und Wissen zu vermitteln, mit emotionaler Nähe funktioniert das jedoch nicht.

Ein Kind kann geistig und materiell bestens versorgt sein, innerlich jedoch „Hunger leiden". Hier kann man von einer Verwöhn-Verwahrlosung, Wohlstandsverwahrlosung oder seelischen Verwahrlosung von Kindern oder Jugendlichen sprechen. Tristan, Chris und Nena sind Beispiele für diese Art von Verwahrlosung. Die Eltern sind trotz ausreichender finanzieller Mittel nicht in der Lage, ihren Kindern Wärme und Geborgenheit zu schenken.

Der Übergang von emotionaler zu sexueller Verwahrlosung ist oft fließend. Sexualität hat neben der Fortpflanzung eine Reihe weiterer sozialer Aufgaben. Aus der Verhaltensbiologie wissen wir, dass der Mensch ein Bedürfnis nach Bindung und Beziehung hat und die Befriedigung dieses Bedürfnisses für seine seelische Entwicklung unerlässlich ist. Fehlt das Grundgefühl der Geborgenheit, versuchen viele, dieses Vakuum mittels einer sexuellen Handlung zu stopfen, da die körperliche Nähe dieses Bedürfnis zumindest kurzfristig zu stillen vermag. Der schnelle sexuelle Akt fungiert also lediglich als Lückenbüßer, als Zeichen der Intimität und Vertrautheit in einer ansonsten eher als unfreundlich empfundenen Welt isolierter und unzugänglicher Individuen. Fehlt das emotionale Fundament, ist der sexuellen Verwahrlosung, dem beliebigen Eingehen von körperlichen Beziehungen ohne seelischer Nähe, jedoch Tür und Tor geöffnet.

Das Problem der sexuellen Verwahrlosung ist also nicht nur ein Problem der sogenannten sozialen Unterschicht. Diese steht aufgrund der gesellschaftlichen Aufmerksamkeit im Hinblick auf das allgemeine Thema Verwahrlosung nur wesentlich stärker unter Beobachtung. Gut situierte Familien haben da bessere Möglichkeiten, ihre Unzulänglichkeiten zu verschleiern oder sich hinter dem Deckmantel einer schönen Fassade zu verstecken.

Doch auch hier dürfen wir die Augen nicht verschließen. Jeder von uns kann sich fragen: Wo sind Kinder und Jugendliche in meinem Umfeld, denen das Gefühl von Geborgenheit zu Hause verwehrt wird, denen man aber dieses Gefühl auf andere Weise vermitteln kann?

Wir in der Arche möchten Kindern Geborgenheit schenken – indem wir für sie da sind, aber auch indem wir ihnen einen Gott vorstellen, der Geborgenheit ist: „Der Herr ist dein Hüter, der Herr gibt dir Schatten; er

steht dir zur Seite. Der Herr behüte dich vor allem Bösen, er behüte dein Leben" (Psalm 121, Verse 5 und 7).

Denn letztendlich kann nur derjenige anderen
Menschen Geborgenheit vermitteln, der selbst Geborgenheit erfahren hat. Nur so kann unsere Gesellschaft
fortbestehen.

Maggie

Die 15-jährige Maggie lebt seit Kurzem in einer betreuten Wohngruppe. Sie ist mit ihrem ersten Kind schwanger.

Maggie war ein Straßenkind. Über ein Jahr lang lebte sie auf dem Alexanderplatz, dem Treffpunkt vieler Punks aus ganz Europa. Davor wohnte sie zusammen mit vier ihrer fünf Geschwister, ihrer 40-jährigen Mutter und deren 24-jährigem Freund, einem Polizeibeamten, in einer Vierzimmerwohnung in einem Berliner Hochhaus. Maggie musste sich mit zwei ihrer Schwestern ein Zimmer teilen. Einer ihrer Brüder war schon mit 16 Jahren zu seiner neun Jahre älteren Freundin gezogen, um der Enge zu Hause zu entkommen.

In dieser Wohnsituation war es immer wieder zu Spannungen und Streitigkeiten mit der Mutter gekommen, aber auch mit dem jungen Stiefvater, der gerade einmal ein Jahr älter war als Maggies ältester Bruder und deshalb keine Erfahrung mit der Erziehung von Heranwachsenden hatte.

Um die Finanzen war es auch nicht gerade gut bestellt. Die Familie lebte von den 1.300 Euro, die der junge Stiefvater nach Hause brachte, sowie vom Kindergeld. Die Mutter hatte noch zu DDR-Zeiten eine

Ausbildung gemacht, aber seit der Wiedervereinigung nie mehr gearbeitet, und so war sie den ganzen Tag zu Hause, ohne sich sinnvoll zu beschäftigen. Damit waren ständige Streitigkeiten mit den Kindern vorprogrammiert.

Maggie war froh, wenn sie dem Stress zu Hause entkommen konnte. Partys waren da eine willkommene Abwechslung. Auf einer Party lernte Maggie schließlich den zwei Jahre älteren Niklas kennen.

Der Junge sah wild aus. Er hatte Piercings im Gesicht und seine Haare waren bunt gefärbt. Er trug meist eine schwarze Lederhose und darüber ein zerrissenes T-Shirt mit dem Aufdruck „Arbeit ist scheiße". Maggie fühlte sich von der rebellischen Art des Jungen angezogen. Niklas tat genau das, was er wollte. Da waren keine Eltern, die ihm sagten, was er zu tun hatte. Er ging auch schon lange nicht mehr zur Schule. Dafür stand er jeden Tag rund sechs Stunden an einem Berliner S-Bahnhof und leierte immer wieder die gleichen Sätze herunter: „Hast du mal 'nen Euro? Danke. Einen schönen Tag noch." Von dem geschnorrten Geld kaufte er sich dann Wodka. Gut eine Flasche leerte er pro Tag.

Es dauerte nicht lange, bis Maggie zum ersten Mal bei Niklas übernachtete. Der Mutter sagte sie, sie sei bei einer Freundin. Mehr Platz als zu Hause hatte sie in der winzigen Wohnung von Niklas allerdings auch nicht, zumal der Junge wie so oft ein paar Punkerfreunde zum Übernachten dahatte.

Die Jugendlichen schliefen alle auf dem Boden – auf Matratzen, Decken oder Zeitungen. Dazwischen tummelten sich mehrere Hunde. Überall lagen Essensreste und leere Flaschen herum und alles war voller Dreck. Niklas hatte immerhin eine Matratze, die er sich nun mit Maggie teilte.

Die 14-jährige Maggie war noch Jungfrau. Sie hatte zwar schon zwei Freunde gehabt, aber zum Sex war es mit ihnen nie wirklich gekommen. Der erfahrene Niklas hingegen kam gleich in der ersten Nacht, die Maggie bei ihm verbrachte, zur Sache. Er war betrunken und hatte an dem Tag auch gekifft. „Es wird schon nichts passieren", sagte er zu Maggie. Sie ließ es geschehen, auch wenn sie sich durch die anderen Punks und die Hunde um sie herum gestört fühlte. So hatte sie sich das Ganze eigentlich nicht vorgestellt ...

Trotzdem sah sie in dieser neuen Beziehung einen Ausweg aus ihrer Situation zu Hause. Am folgenden Tag fuhr sie nach Hause, packte eine Tasche voll mit ihren wenigen Sachen und verschwand. Der Mutter war das nicht unrecht, denn so gab es mehr Platz in der Wohnung. Sie wünschte sich nämlich mit ihrem Lebenspartner ein erstes gemeinsames Kind.

> Maggie sah in dieser neuen Beziehung einen Ausweg aus ihrer Situation zu Hause.

Der Übergang vom „normalen" Teenie zum Straßenkind ging schnell vonstatten. An einem Tag hatte Maggie noch in einer Berliner Hochhaussiedlung gelebt, wenige Tage später saß sie zwischen lauter Punks auf dem „Alex", trank reichlich Alkohol und kiffte, wann immer sie an etwas Stoff kam. Vorher hatte sie noch nicht einmal geraucht. Aber das gehörte zu dem Leben auf der Straße einfach dazu. Um sich Alkohol und Drogen zu finanzieren, bettelte sie auf der Straße.

Tagsüber war sie praktisch permanent „zugedröhnt", nur am frühen Morgen fühlte sie sich einigermaßen nüchtern.

Die Beziehung zu Niklas ging schnell zu Ende. Doch der nächste Bettgefährte ließ nicht lange auf sich warten. Sie lernte einen Punk aus Warschau kennen, der erst seit ein paar Tagen in Berlin war, und hatte schon nach wenigen Stunden mit ihm Sex. Danach blieb Maggie erst einmal mit ihm zusammen. Zumindest für kurze Zeit. Das hinderte sie jedoch nicht daran, auch mit anderen Jungs zu schlafen.

Die Wohn- und Schlafsituation, wie Maggie sie bei Niklas kennengelernt hatte, war unter den Punks völlig normal. Man übernachtete bei einem Bekannten, der seine eigenen vier Wände hatte – eben dort, wo man gerade unterkam –, und da lag man dann zwischen lauter anderen Punks. Dabei kam es fast automatisch zu Annäherungen der Jungs und Mädchen untereinander. Das gehörte einfach mit dazu, das lernte Maggie schnell. Am nächsten Morgen hatte sie dank des Alkohols allerdings in der Regel nur noch sehr schwache Erinnerungen an das, was in der Nacht passiert war.

Der Alkohol bestimmte ihr Leben immer mehr. Sie kam nicht mehr ohne aus. Einmal war ihr Verlangen nach Alkohol so groß, dass sie für ein paar Schlucke Wodka mit einem Jungen schlief. Sie fühlte sich zwar schlecht dabei, aber was sollte sie machen?

Maggies Leben wäre wohl endgültig den Bach hinuntergegangen, wenn sie nicht auf einen Sozialarbeiter getroffen wäre, der sich ihrer annahm. Dieser Sozialarbeiter brachte sie zu einem medizinischen Check in eine Klinik, wo festgestellt wurde, dass Maggie schwanger war. Das allein war schon ein Schock für das Mädchen. Doch das war noch nicht alles: Ihre Leberwerte waren katastrophal. Der Arzt gab ihr bei dem Lebenswandel, den sie führte, nur noch wenige Monate zu leben. Er wollte sie in der Klinik behalten, doch das Mädchen verschwand noch am selben Abend.

Der erste Schluck mit ihren Kumpels war dann wie eine Erlösung. Das Kind war ihr in dem Moment vollkommen gleichgültig. Nur der nächste Schluck zählte. Sie kam allein nicht mehr aus dieser Falle heraus.

Doch der Sozialarbeiter blieb hartnäckig. Immer wieder suchte er Maggie in den folgenden Tagen am „Alex" und an den anderen Treffpunkten auf. Er wollte ihr einen Platz in einer betreuten Wohngruppe besorgen. Maggie und das ungeborene Kind machten ihm große Sorgen. Nachdem er allein sie nicht dazu bewegen konnte, das Leben auf der Straße aufzugeben, besuchte er ihre Mutter in der Hoffnung, von ihr Unterstützung zu bekommen – in welcher Form auch immer. Begeistert war die Frau nicht von der Idee. Sie sagte, sie könne ihrer Tochter im Grunde gar nicht helfen und genau genommen wolle sie es auch nicht. Bei sich aufnehmen könne sie sie nicht mehr, da sie selbst auch wieder schwanger war und es nach der Geburt des Babys keinen Platz mehr für Maggie gebe. Aber sie erklärte sich schließlich bereit, ihre Tochter zusammen mit dem Sozialarbeiter am „Alex" zu besuchen.

Gemeinsam gelang es ihnen schließlich, das Mädchen mitzunehmen. Schnell fand sich eine Einrichtung, die Maggie aufnehmen wollte.

Nun hoffen wir alle auf ein besseres Leben für Maggie und ihr Kind. Maggie bekam zwar kurz nachdem sie in die Einrichtung kam, eine leichte Gelbsucht, die sie für ein paar Wochen ans Bett fesselte. Jetzt ist sie aber fürs Erste über den Berg. Inzwischen freut sie sich auf ihr Kind. Sie hofft, dass es alles, was sie ihm zugemutet hat, irgendwie heil überstanden hat. Der Arzt konnte bei dem Kind keine Schäden feststellen, die auf den hohen Alkohol- und Drogenkonsum zurückzuführen wären, aber eine Garantie dafür, dass das Kind gesund ist, konnte er der zukünftigen Mutter nicht geben.

Maggies Zukunft ist ungewiss. Ohne Menschen, die ihr zur Seite stehen, wird sie es sehr schwer haben. Maggie ist Alkoholikerin, und das wird sie immer sein. Doch wir möchten für sie da sein, wenn sie jemanden braucht.

Das Beste Foto kommt natürlich zum

Schluss.

Robert

Robert ist 22 Jahre alt – und schon zweifacher Vater. Seine Töchter sind mittlerweile 2 und 3. Auch wenn er die beiden über alles liebt, geplant waren sie nicht ...

*

Sein „erstes Mal" hatte Robert mit 15 Jahren, am Biersdorfer See – „mit zu viel Sand an allen Körperstellen", wie er sagt. Es folgten eine ausgiebige „One-Night-Stand-Phase" und drei kurze Beziehungen.

Nach drei Jahren begegnete er zufällig in der U-Bahn seiner ersten großen Liebe wieder, dem Mädchen vom Biersdorfer See. Robert war gerade 18 geworden, Ines, so hieß das Mädchen, war noch 17. Die beiden fanden schnell wieder den Draht zueinander und tauschten ihre Telefonnummern aus.

Gleich am nächsten Tag rief Robert Ines an und sie verabredeten sich für den Nachmittag zum Kino. In den folgenden Tagen und Wochen sahen sie sich immer häufiger, und es entwickelte sich eine feste, ernsthafte Beziehung, die Robert sichtlich guttat und ihm Halt gab. Im Spaß – wie Robert meinte – planten die beiden Jugendlichen schon den Nachwuchs. Allerdings schien Ines diese Gespräche nicht als Witz gemeint zu haben und setzte kurz darauf ohne Roberts Wissen die Pille ab. Als sie schwanger war, behauptete sie dann, dass das Baby ein „TroPi-Kind" sei, ein „Trotz-Pille-Kind".

„Dabei waren wir doch erst neun Monate zusammen", sagt Robert. „Es war einfach zu früh und der ganze Stress hat zu sehr viel Streit geführt."

Die immer häufiger auftretenden Auseinandersetzungen nervten Robert allmählich, und er fing an, sich auch wieder für andere Frauen zu interessieren. Er lernte schließlich ein Mädchen kennen, das sich durch die Tatsache, dass er vergeben war, nicht abschrecken ließ. Die beiden trafen sich immer wieder. Als sich die Affäre zu einer dauerhaften Geschichte entwickelt hatte, beschloss er, mit seiner schwangeren Freundin Schluss zu machen. Mit dieser Absicht rief er Ines an, doch als er am Telefon ihre Stimme hörte, konnte und wollte er die Beziehung doch nicht beenden. Stattdessen beichtete er unter Tränen seine Affäre. Sie bekamen das Baby zusammen und schafften es, die Beziehung weitere sechs Monate am Leben zu erhalten. Dann zog Robert doch endgültig den Schlussstrich. „Es ging einfach nicht mehr", sagt er heute. „Jeder Funke zwischen uns war erloschen. Aber meine kleine Prinzessin" – damit meint er seine Tochter – „würde ich gegen nichts auf der Welt eintauschen wollen."

Mit fast 19 lernte er dann die Mutter seines zweiten Kindes kennen, Tine. „Noch am ersten Abend landeten wir im Bett", erinnert er sich. Robert hatte sich neu verliebt. Ein glücklicher Monat folgte dem nächsten und er wollte sich ein Leben ohne diese „perfekte" Frau nicht mehr vorstellen. Aber das änderte sich schlagartig, als ein kleines „Missgeschick" mit Alkohol, Gras und der

Pille passierte und Tine sich übergeben musste. Einige Wochen später erklärte Tine ihm, dass sie schwanger sei, und alles brach in sich zusammen.

Robert wusste nicht mehr ein noch aus. Wie sollten sie das Kind ernähren? Immerhin musste er schon für sein erstes Kind zahlen. Dabei hatten weder er noch Tine einen Job und damit auch keine Kohle. Seine Freundin sah nur eine Lösung: Er musste einen Raub begehen. Sie setzte ihn unter Druck. Entweder er beging den Raub oder sie würde ihn verlassen. Immerhin brauchten sie das Geld, meinte sie. Robert musste sich entscheiden.

> Die Mischung aus Verwegenheit und Sex zieht viele Mädchen an, die zu Hause unglücklich sind.

Da er nicht die Kraft hatte, sich Tine zu widersetzen, fügte er sich und überfiel eine Tankstelle, wobei er auch noch den Inhaber verletzte. Allerdings wurde er zwei Tage später gefasst und landete für knapp zwei Jahre im Knast.

„Ich bin jetzt seit knapp fünf Monaten draußen", erzählt Robert. „Fast zwei Jahre im Knast zu sitzen und nicht mitzubekommen, wie meine Babys aufwachsen, ist nicht schön. Ich werde meine Freiheit nie wieder riskieren."

Robert liebt seine Töchter, das nimmt man ihm ab, doch seinen Lebensstil hat er trotzdem nicht geändert. Vielleicht weil er meint, erst einmal die Zeit nachholen zu müssen, die er im Knast verbracht hat. Eine feste Arbeitsstelle hat er noch nicht gefunden, aber die jungen Frauen geben sich bei ihm die Klinke in die Hand. Die Mischung aus Verwegenheit und Sex zieht viele Mädchen an, die zu Hause unglücklich sind. Bei

145

dem jungen Mann hoffen sie, etwas zu erleben. Doch Robert hält es in Beziehungen nicht mehr lange aus. Er sucht durch immer neue Mädchen den „Kick" im Bett. Zurzeit hat er eine 15-jährige Freundin, die seit zwei Wochen bei ihm lebt. Sie ist in ihn verliebt, doch er ist schon wieder auf der Suche.

Rico

Rico besucht regelmäßig die Arche. Er ist der kleine Bruder von Michael, dessen Geschichte wir schon weiter oben erzählt haben. Er ist 11 Jahre alt und sieht auch noch sehr kindlich aus. Aber der Junge ist eine tickende Zeitbombe. Auch er hat – wie Michael – zu Hause schon früh Pornofilme konsumiert und oft – zumindest visuell – teilgehabt am Liebesleben seiner Mutter. Nun ist sein Denken, Reden und Handeln bereits durch und durch von Sex geprägt.

Der Junge hat in der Vergangenheit immer wieder andere Kinder belästigt. Sogar unseren Mitarbeitern – egal, ob Frau oder Mann – hat er oft unvermittelt in den Schritt gegriffen.

Seit einiger Zeit darf Rico sich deshalb nicht mehr allein in der Arche bewegen. Er hat einen festen Betreuer, solange er in unserer Einrichtung ist. Immer ist eine Person an seiner Seite.

Der Junge wirkt auf den ersten Blick sehr offen und lieb. Er spricht oft freundlich fremde Leute an, die die Arche besuchen. Doch wenn man genauer hinschaut, sieht man die Verhaltensauffälligkeiten des Kindes. Unverhofft boxt er Kindern oder auch Erwachsenen in die Seite und tritt gegen irgendwelche Gegenstände. Eigentlich müsste man Rico Hausverbot für die Arche erteilen, denn es ist sehr schwer, ihn ununterbrochen zu betreuen, und der Junge ist unberechenbar. Aber woanders und ohne feste Aufsicht wäre er schon jetzt eine große Gefahr – vor allem für die kleineren Kinder. Schon mehrfach hat er andere Kinder sexuell bedrängt, nicht nur in der Arche. Einmal hat eine Mitarbeiterin von uns ihn gerade noch rechtzeitig entdeckt, als er ein kleines Mädchen ausziehen wollte. Wir versuchen nun, ihm die fachliche Hilfe zu vermitteln, die er dringend braucht. Wir haben die Vermutung, dass es irgendeinen konkreten Vorfall in Ricos Vergangenheit gegeben hat, der dem Jungen „in den Gliedern sitzt", aber sicher ist, dass der inflationäre Konsum von Pornofilmen sowie die ständige Konfrontation mit dem Thema Sex mitverantwortlich ist für sein Verhalten.

> Der Junge hat in der Vergangenheit immer wieder andere Kinder belästigt.

Kürzlich haben wir übrigens in der Arche einen Brief gefunden, der an Rico gerichtet war. Er stammte von seiner nicht einmal 10 Jahre alten Freundin. „Du kannst mit mir machen, was du willst", schrieb das Mädchen ihm darin. Das Kind beschrieb in diesem Brief auch sexuelle Dienstleistungen, mit dem es ihn glücklich machen wollte. Wir konnten kaum glauben, was wir da lasen. Das „sexuelle Wissen", das dieses Mädchen schon an den Tag legte, hatte es garantiert nicht nur von älteren Freunden, es wird ihr zu Hause vermittelt – im „ganz normalen" Alltag.

Doch zurück zu Rico: In der Arche ist der Junge in guten Händen. Hier ist die Chance gering, dass etwas passiert. Aber sein Leben ist schon jetzt sehr stark auf das Thema Sexualität ausgerichtet. Wenn wir ihm nicht helfen, wird die Sexualität schon innerhalb kürzester Zeit sein Leben komplett bestimmen. Aber eine Behandlung ist teuer, und die Behörden werden erst reagieren, wenn etwas passiert ist. Dann ist in der Regel plötzlich auch Geld da.

Übrigens: Rico ist kein Einzelfall. Wir haben viele solcher verhaltensauffälligen Kinder in unseren Einrichtungen. Aber Ricos gibt es überall. Es sind Vulkane kurz vor einem Ausbruch. Die meisten Eltern erkennen nicht einmal das Gefahrenpotenzial ihrer Kinder. Hier sind die Schulen und Jugendeinrichtungen gefragt. Wir alle sind gefragt. Das Leugnen dieser Probleme bringt wenig. Wir dürfen nicht erst warten, bis etwas passiert.

Eva

Eva kommt bereits seit vier Jahren zu uns in die Arche, zusammen mit ihren drei kleineren Brüdern und ihrer Mutter. Früher war sie ein sehr aufgewecktes, lebensfrohes Mädchen. Sie lachte immer gern, erzählte Witze und sprang lustig durch die Einrichtung. Ihre lebendige Art war sehr ansteckend.

Doch von einem Tag auf den anderen war das Mädchen wie ausgewechselt. Es war in sich gekehrt und wirkte sehr traurig. Lange hatte niemand eine Erklärung dafür. Auch wir in der Arche waren ratlos. Wir fragten uns, ob Evas Verhalten auf die Pubertät zurückzuführen sei. Doch das schien nicht wahrscheinlich. Schulprobleme konnten sie jedoch eigentlich auch nicht belasten, denn ihre Noten waren nicht unbedingt schlechter geworden. Immer wieder fragte ich die 14-Jährige nach dem Grund ihrer Traurigkeit, aber sie lenkte immer wieder ab und sprach über andere Dinge.

Nach fast sechs Monaten der Ungewissheit sagte ich zu dem Mädchen: „Wenn du Angst hast, mit mir über dein Problem zu reden, dann schreib mir doch einen Brief." Für mich war die Situation so einfach nicht länger tragbar. Ich hatte förmlich zusehen müssen, wie das früher so lebendige Mädchen zu einem erbarmungswürdigen Wesen zusammengefallen war.

Nach einigen Tagen kam Eva dann zu mir und drückte mir einen Zettel in die Hand. Dabei flüsterte sie leise: „Lies das erst, wenn du allein im Büro bist. Ich komme dann heute Abend noch mal."

Ich zog mich mit dem Brief in mein Büro zurück. Zunächst traute ich mich gar nicht zu lesen, was Eva aufgeschrieben hatte. Ich befürchtete das Schlimmste. Schließlich faltete ich das Papier aber doch auseinander und las, was mit großen blauen Buchstaben darauf geschrieben stand:

„Ich bin vergewaltigt worden."

Mir lief ein kalter Schauer über den Rücken.

Ich fragte mich, ob ich Evas Mutter anrufen sollte, entschied mich aber, erst einmal abzuwarten, was das Mädchen mir erzählen würde, wenn es gleich kommen würde.

Früher als verabredet stand Eva dann in meiner Tür. Tränen liefen ihr über die Wangen. Ich nahm sie in den Arm. Dann erzählte sie mir, was genau geschehen war:

Eine Freundin von ihr hatte eine Party veranstaltet. Die feiernden Kids hatten die Vierzimmerwohnung für sich alleine, denn die Eltern der Gastgeberin waren über das Wochenende weggefahren. Einige der Jugendlichen hatten deshalb gleich geplant, auch dort zu übernachten – unter ihnen Eva.

Auf der Party gab es Alkohol, laute Musik und viele interessante Jungs. Es war ein toller Abend. Die Jugendlichen tanzten, tranken und feierten. Einer der Jungs flirtete mit Eva und sie genoss es. Das alles waren neue Erfahrungen für sie. Auch, dass einige Pärchen ganz unverblümt Sex miteinander hatten, während um sie herum gefeiert wurde. Die anderen störten sie nicht.

In dieser Atmosphäre ließ Eva es schließlich auch zu, dass der Junge, der den ganzen Abend nicht von ihrer Seite gewichen war, sie küsste. Schließlich zogen sich die beiden ins Schlafzimmer zurück. Eva wollte eigentlich nur Zärtlichkeiten austauschen, aber der Junge wollte mehr. Er forderte Eva auf, sich auszuziehen, weil er sie nackt sehen wollte. Zögernd zog sie sich vor ihm aus. Vielleicht weil der Alkohol ihr die Hemmungen nahm, aber auch weil sie sich schon ein wenig erwachsen fühlte.

Dann drängte der Junge sie, mit ihm zu schlafen. Eva wollte das nicht und sagte Nein, doch schließlich ließ sie es doch über sich ergehen. „Es war scheußlich", erzählte sie mir mit zitternder Stimme. „Ich hatte hinterher das Gefühl, vergewaltigt worden zu sein. Und der Typ ist anschließend einfach aufgestanden und gegangen. Ich habe ihn seitdem nicht wiedergesehen."

Eva war noch immer erschüttert. Kurz nachdem sie mir den Brief gegeben hatte, hatte sie auch ihrer Mutter von dem Vorfall erzählt. Diese wollte natürlich sofort die Polizei einschalten, doch für Eva machte das die Sache auch nicht rückgängig, auch wenn sie sich wünscht, dass das ginge.

*

Leider geht es vielen Teenagern heute so, dass sie – oft auch im Rahmen von Homepartys – sexuelle Erfahrungen machen, die sie verletzen. Das Erlebte anschließend zu verarbeiten fällt ihnen sehr schwer. Viele Mädchen wissen im Nachhinein häufig nicht mehr, ob sie den Sex wirklich wollten oder ob sie vergewaltigt wurden, da der Verkehr unter Alkohol- oder Drogeneinfluss stattgefunden hat. Meist sind sie dann mit diesen Erfahrungen und Problemen allein, weil sie mit niemandem darüber reden können oder wollen. Zu ihren Eltern, sofern diese präsent sind, haben sie oft kein Vertrauen, und die einzigen Ansprechpartner, die sie haben, sind Gleichaltrige, die ihnen allerdings kaum Hilfe bieten können.

> Der Junge drängte sie, mit ihm zu schlafen. Eva wollte das nicht und sagte Nein, aber schließlich ließ sie es doch über sich ergehen.

Viele junge Mädchen haben aber auch Vergewaltigungen hinter sich, die nicht unter Alkoholeinfluss stattfanden – zumindest nicht, was sie angeht. Und die Täter sind oft genug im erweiterten Freundeskreis zu finden. Für manche gehört das traurigerweise mittlerweile zum Sexualleben dazu.

Es ist wichtig, dass diese Mädchen in ihrem Umfeld Vertrauenspersonen haben, mit denen sie reden können. Wir in der Arche möchten Ansprechpartner für sie sein.

Viktor

Bis vor einiger Zeit kam der 8-jährige Viktor zu uns in die Arche. Viktor war sehr verhaltensauffällig. Schon an seinem ersten Tag in der Arche fiel den Mitarbeitern seine extrem sexistische Wortwahl auf. In fast jedem Satz benutzte er Wörter wie „Hure", „Ficken" und „Titten".

Wir wussten von dem Jungen, dass es für ihn schon von klein auf normal war, dass er seine Mutter beim Sex im Nachbarzimmer hörte, wenn sie wieder einmal einen neuen Freund hatte, seinen ersten Pornofilm sah er schon mit 5 Jahren. Immer wieder redeten wir mit Viktor über seine Wortwahl, als er jedoch anfing, unsere Mitarbeiterinnen an den Busen oder in den Schritt zu fassen, mussten wir drastischer eingreifen.

Wir baten die Mutter zu uns in die Arche. Als wir sie auf den Pornokonsum des Kindes ansprachen, sagte sie, in den Filmen ginge es doch nur um Sex, das sei doch alles ganz natürlich und würde die Entwicklung des Kindes doch nur fördern. Wir konnten kaum glauben, was wir da hörten, jedoch blieben alle Versuche unsererseits, der Mutter unsere Sichtweise zu erklären, erfolglos. Die Frau hatte kein Einsehen.

Viktors Verhalten wurde mit der Zeit immer schlimmer. Wir führten noch viele Gespräche mit Viktor und seiner Mutter. Auch das Jugendamt schaltete sich ein. Doch die einzige Konsequenz, die die Mutter zog, war umzuziehen, damit sie ihre Ruhe hatte.

*

Wir haben jetzt schon eine Weile nichts mehr von Viktor gehört. Wir können nur hoffen, dass er in seinem neuen Umfeld erwachsene Vorbilder gefunden hat, die ihm andere Werte vorleben als seine Mutter.

Die Erfahrungen, die unsere Kinder in ihrer Kindheit machen, und die Bilder, die sie sehen, prägen ihr Leben und ihr Verhalten. Es ist logisch, dass bei Kindern, die permanent unreflektiert mit Sex konfrontiert werden, Eindrücke zurückbleiben, die ihr Handeln prägen. Kinder Pornofilmen auszusetzen ist unverantwortlich, und wir müssen uns nicht wundern, wenn Teenager schon früh sexuelle Straftaten begehen, weil sie das Gesehene in die Tat umsetzen.

Seinen ersten Pornofilm sah Viktor schon mit 5 Jahren.

Die Gefahr der
sexuellen Enthemmung

In den letzten Jahren häufte sich die Zahl erschreckender Meldungen über Sexualstraftaten, die von Minderjährigen begangen wurden.

Im Jahr 2007 wurde in einigen Zeitungen von der Vergewaltigung zweier Mädchen im Alter von 12 und 13 Jahren durch zwei 15-jährige Jungen berichtet. Der Leiter des Kriminologischen Forschungsinstituts, Christian Pfeiffer, sagte dazu in einem Artikel in der Süddeutschen Zeitung vom 14.5.2007: „Dieser Fall ist ein Teilausschnitt aus einer sehr komplexen Problematik: Gerade bei Jugendlichen steigt die Zahl sexueller Nötigungen und von Vergewaltigungen. [...] Vor allem durch eine Lied- und Jugendkultur, die junge Frauen zu einer Körperware reduziert, wird eine sexuelle Verrohung bei Jugendlichen gefördert."

Diese Entwicklung können wir aus unserer Erfahrung in der Arche leider nur bestätigen. Auch einige der Kinder, die wir aus unserer Arbeit kennen, sind schon aufgrund sexueller Übergriffe aufgefallen – Dennis, Rico und Viktor sind nur drei von vielen. Sicherlich spielen, wie Christian Pfeiffer sagt, die Lied- und Jugendkultur, der sich die meisten unserer Jugendlichen zugehörig fühlen, eine entscheidende Rolle, wir machen aber immer wieder auch die Beobachtung, dass die frühe Konfrontation mit dem Thema Sex zu Hause – und dazu gehört auch der Konsum von Pornofilmen – die Kinder negativ prägt.

Die Kraft der Bilder, die Kinder mit dem Konsum von Pornofilmen in sich aufnehmen, ist ungeheuerlich. Das zeigen weitere Fallbeispiele:

> In einer Münchener Schule hat ein 6-jähriger Junge seine Hose heruntergezogen und ein Mädchen bedrängt. Die Mutter gab kurze Zeit später zu, dass sie sich zu Hause alle gemeinsam auch Pornos anschauen würden.
> Nach dem Konsum von Koprophilie- und Urophilie-Pornofilmen (Pornofilme, in denen auf die Partner uriniert wird bzw. diese bekotet werden) probierten einige 11-Jährige das Gesehene an ihrer 4-jährigen Schwester aus. Auf die Frage eines Pädagogen, warum sie dies getan hätten, antwortete einer der Jungen: „Die in den Filmen machen das doch auch."

Vor diesem Hintergrund erscheinen die Worte von Viktors Mutter, in Pornofilmen ginge es doch nur um Sex, das sei doch alles ganz natürlich und würde die Entwicklung des Kindes doch nur fördern, wie Hohn. Beispiele wie die genannten machen deutlich, dass der Konsum von Pornofilmen die Seele von Heranwachsenden nachhaltig schädigt. Und es liegt auf der Hand, dass die um sich greifende sexuelle Verwahrlosung in unserem Land in den nächsten Jahren zu einer Zunahme von psychischen Erkrankungen führen wird. Hier werden in Zukunft viele Betreuer gebraucht, die diese Probleme von Jugendlichen – von Opfern wie von Tätern – auffangen und begleiten können.

Sabine Nowara, eine Kölner Kriminalpsychologin, die in einem Forschungsprojekt die Behandlung von mehr als 300 minderjährigen Sexualstraftätern ausgewertet hat, schrieb in dem *Stern*-Artikel „Voll Porno" zum Thema „Sexuelle Verwahrlosung" (Ausgabe Nr. 6 vom 1.2.2007: „Die Gefahr, die in der sexuellen Enthemmung von Kindern und Jugendlichen steckt, ist wirklich besorgniserregend. Und sie wird massiv unterschätzt." Wir sind davon überzeugt, dass Frau Nowara recht hat.

Wie viele Kinder wie Rico, Viktor und die, von denen in den genannten Zeitungsartikeln berichtet wird, gibt es wohl in unserem Land? Kinder, die von klein auf in Pornofilmen oder sogar im realen Leben mit Bildern konfrontiert werden, die sie noch nicht einordnen können, die aber doch einen so großen Reiz auf sie ausüben, dass sie das Gesehene irgendwann einfach selbst „ausprobieren". Allein in der Arche lernen wir täglich solche Kinder kennen. Vor einigen Monaten sah ein Mitarbeiter von uns im Treppenhaus unserer Einrichtung vier 11-jährige Jungen, die mit einer 12-Jährigen Gangbang „spielten". Die Kinder waren zwar angezogen, aber die Jungs fielen regelrecht über das Mädchen her, als würden sie es vergewaltigen. Sowohl die Jungen als auch das Mädchen fanden das Ganze einfach nur lustig. Als wir die Kinder zur Rede stellten, gaben alle die gleiche Antwort: „Das haben wir auf Video gesehen. Irgendwann wollen wir es mal richtig machen." Wir haben daraufhin mit ihnen ein intensives Gespräch über

Partnerschaft, Liebe und Sex geführt. Für sie waren unsere Erklärungen neu. Die „Aufklärung", die sie durch das Vorbild ihrer Eltern bzw. über Filme und Ähnliches erhalten haben, hatte ihnen nichts über den Zusammenhang zwischen diesen Dingen vermittelt.

Wir Menschen sind visuell veranlagte Wesen. Rund 80 Prozent aller Informationen aus unserem Umfeld nehmen wir über die Augen auf. Da ist es nicht verwunderlich, wenn vor allem junge Menschen, die noch begierig darauf sind, Informationen in sich aufzunehmen, es dankbar annehmen, wenn sie pausenlos mit Bildern „gefüttert" werden – ob die Informationen nun sinnvoll sind oder nicht.

Es liegt in unserer Hand, unseren Kindern Bilder zu präsentieren, die ihrem Alter angemessen sind und die sie in ihrer Entwicklung fördern, und am besten kommen diese Bilder nicht aus der Flimmerkiste, sondern aus dem realen Leben.

Sascha

Sascha ist gerade 19 geworden. Seit drei Monaten wohnt er in seiner ersten eigenen Wohnung, die er sich von Mutti bezahlen lässt. „Sie hat viel wiedergutzumachen", erklärt er. „Wie konnte sie mich auch ins Heim geben? Selbst schuld!"

Doch erzählen wir die Geschichte von Anfang an ...

*

Die ersten Lebensjahre von Sascha verliefen eigentlich noch relativ normal. Als er 5 Jahre alt war, wurde sein Bruder Steve geboren. Kurz nach der Geburt stellten die Ärzte allerdings fest, dass das Baby behindert war. Wenige Wochen später verließ der Vater die Familie und brach den Kontakt komplett ab. Immerhin zahlte er aber Alimente.

Der Mutter wurde die ganze Situation bald zu viel – vom Mann sitzen gelassen und allein mit zwei kleinen Kindern, eins davon behindert –, und so dauerte es nicht lange, bis sie ihre Sorgen und Probleme in Alkohol zu ertränken versuchte. Jeden Monat vertrank sie praktisch das ganze Geld, das ihr und ihren Söhnen zur Verfügung stand. Mit dem Alkoholpegel stieg oft auch ihr Aggressionspotenzial und so kam es häufig auch zu Handgreiflichkeiten. Sascha flüchtete so oft wie möglich aus der engen Wohnung, um sich mit Freunden zu treffen.

In der Nachbarschaft gab es eine Clique, der er sich anschloss. In dieser Gruppe gehörte es ganz selbstverständlich dazu, dass man reichlich Alkohol und Drogen konsumierte. Man kiffte gemeinsam und „beschaffte" sich gemeinsam das Geld, um die Drogen zu finanzieren. Dieses „Beschaffen" sah so aus, dass die Jugendlichen vor einer Bank hilflosen älteren Damen auflauerten und diese dann bis zu ihren Wohnungen verfolgten, um ihnen dort schließlich die Handtasche zu entreißen. Ab und zu ließen sie auch in Supermärkten Lebensmittel und Alkohol mitgehen, und wenn ihnen danach war, klauten sie auch schon mal Kleidungsstücke aus Klamottenläden. Sascha lernte schnell von den anderen Jugendlichen, wie man an das kam, was man gerne haben wollte. Auch seine eigene Mutter musste oft dran glauben.

> Sein erstes Mal hatte Sascha mit 12 Jahren auf einer Party. „Wir waren alle betrunken und total stoned", erinnert er sich.

Wenn sie betrunken in der Wohnung lag, klaute Sascha ihr immer wieder Geld – jedes Mal gerade so viel, dass sie es nicht merkte. Aber Sascha lernte in der Clique noch mehr ...

Die Gruppe war altersmäßig sehr durchmischt, wie es bei Jugendlichen aus sozialen Brennpunkten oft der Fall ist, und so lernte Sascha von den älteren Jungs einiges in Sachen Sex. Sein erstes Mal hatte er mit 12 Jahren auf einer Party. „Wir waren alle betrunken und total stoned", erinnert er sich. „Mit der Tussi hatte ich schon oft rumgemacht. Diesmal ging es eben weiter. Sie hat es mir mit dem Mund gemacht", erzählt er abgebrüht. Mit dem Mädchen war er nicht lang zusammen. Dafür folgten andere. „Im Laufe der Zeit hatte jeder mal jede aus der Gruppe", erklärt er.

Zur Schule ging Sascha nur noch sehr unregelmäßig. Stattdessen hing er mit seinen Freunden ab, betrank sich, kiffte oder ging auf Raubtour. Immer wieder wurde er von der Polizei aufgegriffen und regelmäßig stand das Jugendamt vor der Tür.

Irgendwann war für die Mutter das Maß voll. Sie hatte mit ihren eigenen Problemen genug zu tun und hatte nicht auch noch die Kraft, sich um die ihres Sohnes zu kümmern. Als sie den Jungen wieder einmal zugedröhnt in der Wohnung vorfand, brachte sie ihn zum Kindernotdienst. Und so kam Sascha mit knapp 13 Jahren ins Heim. Sein jüngerer Bruder Steve kam im Zuge dessen zu Pflegeeltern.

Im Heim änderte sich für Sascha nicht viel. Auch hier suchte er sich die falschen Freunde, mit denen er in Kaufhäusern klauen ging, er schlug sich mit irgendwelchen Typen auf der Straße, „die nach Stress aussahen", trank Alkohol und nahm diverse Drogen.

Saschas Mutter schaffte es indes, vom Alkohol loszukommen. Sie kam wieder auf die Füße und suchte sich mehrere Putzstellen, sodass sie genug verdiente, um wieder für ihre Kinder sorgen zu können. Im Alter von 15 Jahren durfte Sascha dann auch wieder zurück nach Hause. Steve blieb allerdings in der Pflegefamilie. Sascha verzieh seiner Mutter allerdings nicht, dass sie ihn ins Heim gesteckt hatte. Er war der Überzeugung, dass sie etwas bei ihm gutzumachen hätte. Er forderte von ihr die besten und teuersten Klamotten, nahm sich Geld aus dem Portemonnaie der Mutter, wann immer er es wollte, und tanzte ihr ständig auf der Nase herum.

Kurz vor seinem 18. Geburtstag stellte seine Mutter ihm ihren neuen Freund vor, der von Anfang an versuchte, Sascha zu „kaufen". Das nutzte der Junge natürlich auch aus, obwohl er den neuen Lebenspartner der Mutter nicht leiden konnte. Als sich die Streitereien zwischen ihm, seiner Mutter und ihrem neuen Freund dann häuften, entschlossen sich alle drei gemeinsam, Sascha in eine eigene Wohnung ziehen zu lassen.

„Seitdem läuft alles richtig geil", sagt Sascha. „Ich versteh mich gut mit meiner Mutter und ihrem Typen. Ich hab immer genug Kohle, weil die es ja haben, und ich verdiene mir ein wenig dazu."

Seinen Lebensstil hat Sascha allerdings nicht geändert. Er handelt mittlerweile mit Drogen und beliefert auch einige „Atzen", Freundinnen meint er damit, mit „Stoff". Die bedanken sich bei ihm auch schon mal mit Sex, wogegen er natürlich nichts einzuwenden hat. Auf eine feste Freundin hat er aber im Moment keine Lust und eine eigene Familie steht für ihn überhaupt nicht zur Debatte. Er will nur das eine. Um Verhütung muss sich allerdings das Mädel kümmern.

Caroline

Caroline ist 17. Es ist inzwischen sieben Jahre her, dass sie ihre ersten sexuellen Erfahrungen gemacht hat – allerdings eher unfreiwillig – mit einem Jungen, den sie erst ein paar Tage kannte. Marko hieß er und wohnte in der Nachbarschaft. Marko wollte, dass sie ihn „da unten" anfasst, und sie tat es widerwillig. Hinterher versprach er ihr, dass er es nicht noch einmal von ihr verlangen würde, wenn sie es nicht wolle.

Zwei Tage später trafen sie sich mit einem fast gleichaltrigen Pärchen. Die beiden anderen Kids behaupteten, sie hätten „es" schon öfter getan, und setzten Caro damit unter Zugzwang. Als Marko anschließend mit Caro ins Gebüsch wollte, ging sie also mit und hoffte, dass sie danach ihre Ruhe haben würde, aber sie hätte niemals erwartet, dass es so sehr wehtun würde. Sie blutete noch bis zum Abend.

Ihrer Mutter blieb das Ganze nicht verborgen. Caro behauptete jedoch, sie kenne weder den Namen noch die Adresse des Jungen, und so geriet dieses „Problem" in Vergessenheit. Die Mutter hatte ohnehin ihre eigenen Probleme.

Als Caro jedoch erfuhr, dass Marko wegziehen würde, war sie erleichtert und die Angst vor ihm löste sich langsam auf. Sie bereute, dass sie dem Druck von außen nachgegeben und sich auf die ganze Sache eingelassen hatte. Sie fragte sich, warum sie nicht so stark gewesen war, bei ihrem Nein zu bleiben. Möglicherweise war der Grund dafür einfach der, dass sie diese Stärke nicht demonstriert bekommen hat. Carolines Vater ist Alkoholiker und dazu noch ein Choleriker, dem, wenn ihm die Worte ausgehen, auch schon mal die Hand „ausrutscht". Die Mutter traut sich selten einzuschreiten und die Kinder können sich nicht wehren.

Heute flüchtet Caroline, wenn die Situation zu Hause mal wieder eskaliert, auf die Straße zu Freunden. Als sie 13 war, ist sie häufiger zu ihrem Freund geflohen. Dann haben sie zusammen irgendwo rumgehangen oder er hat sie zu seinen Freunden mitgenommen.

„Die waren alle so alt wie Torsten. So zwischen 16 und 18. Bis heute habe ich eher ältere Freunde."

Sie waren insgesamt knapp fünf Monate zusammen, allerdings mit kurzen Unterbrechungen. Schon nach drei Wochen wollte er unbedingt mit ihr schlafen. Sie war sich aber nicht wirklich sicher, ob sie das schon wollte, und war bereits negativ geprägt von dem, was damals mit Marko war.

Torsten versuchte anfangs, sie nur durch Zärtlichkeiten zu überreden und immer weiter zu kommen. Pünktlich zum einmonatigen Jubiläum trafen sich Torsten und Caro mit einem befreundeten Pärchen, mit dem Torsten gewettet hatte, dass sie „es heute tun werden".

„Wir gingen zu viert in den Keller des Hochhauses, in dem Torsten wohnte. Das eine Pärchen verzog sich in eine Ecke, wir uns in eine andere und fingen an, ein bisschen rumzumachen. Da ich aber immer noch nicht wollte, haben Torsten und ich nur so getan als ob. Dann meinte Torsten noch, ich solle wenigstens stöhnen. Das wollte ich aber nicht."

Als dann plötzlich zwei ältere Herren in den Keller kamen, zogen die Jugendlichen sich schnell an und flohen in den Keller des Hauses, in dem Caro wohnte, um dort sofort weiterzumachen, wo sie unterbrochen worden waren.

> Die beiden anderen Kids behaupteten, sie hätten „es" schon öfter getan, und setzten Caro damit unter Zugzwang.

Dieses Mal wollte Torsten allerdings nicht mehr nur so tun als ob. Er wollte wirklich Sex. Caro willigte zwar ein, wollte aber eigentlich wieder nur ihre Ruhe. Wie damals mit Marko.

An Verhütung hatten sie nicht gedacht, und er sagte, er wäre gekommen. In den Wochen danach lebte sie zwischen Hoffen und Bangen. War sie womöglich schwanger? Sie ging mit diesem Problem aber weder zu ihren Eltern noch zum Frauenarzt, noch zu ihrer besten Freundin. Sie hoffte einfach, dass sie nicht schwanger war, und wie sich schließlich herausstellte, hatte sie auch Glück gehabt. Sie war nicht schwanger. „Heute nehme ich die Pille und überlasse nichts mehr dem Zufall", sagt sie. Außerdem hat sie nicht mehr vor, sich noch einmal zum Sex drängen zu lassen. „Ein warmes Bett und ein langes ausgedehntes Vorspiel sind das Minimum, wenn mein Freund mit mir schlafen will."

Ich frage mich oft, wo Mädchen wie Caro mit ihren Fragen und Problemen bleiben können. Wo sie Antworten auf ihre „intimen" Fragen erhalten und wer sie richtig aufklärt. Immer wieder werden junge Leute aus Ahnungslosigkeit mit sexuellen Praktiken vertraut, obwohl sie meist nur in Ruhe gelassen werden wollen. Sie lernen nicht, Nein zu sagen, und das Ja führt oft zu Erlebnissen, die nicht aus dem Alltag geblendet werden können. Gedankenloser Sex aus Stress oder Unwissenheit ohne Verhütung, ohne Leidenschaft und Liebe hinterlässt Narben, die schnell sichtbar werden.

Unaufgeklärte Kinder werden schnell zu Opfern – und mit Aufklärung meine ich nicht die herkömmliche Aufklärung! Warum ist Sex nur ein Tabuthema für uns Erwachsene unseren Kindern gegenüber? Hätte sich eine vertrauensvolle Person zur rechten Zeit mit Caro über Sexualität unterhalten, wäre ihr vieles erspart geblieben.

Dennis

Dennis ist 13 Jahre alt. Der Junge verbringt jeden Tag Stunden vor dem Computerbildschirm. Schon vor vier Jahren hat ihm seine Mutter einen alten PC für sein Kinderzimmer geschenkt. Sie ist froh, wenn der Junge beschäftigt ist und sie ihre Ruhe hat, damit sie sich um ihr eigenes Leben kümmern kann.

Einen wirklich emotionalen Bezug hat die Frau nicht zu ihren Kindern. Sie hat ihn auch nie gehabt. Im Grunde macht sie Dennis und seine beiden jüngeren Schwestern auch dafür verantwortlich, dass in den letzten Jahren keine ihrer Beziehungen länger gehalten hat als ein paar Monate. „Wer nimmt schon eine Frau mit drei Kindern?", meinte sie kürzlich im Gespräch mit einer Erzieherin aus der Arche. Dabei ist die Frau mit ihren 35 Jahren recht attraktiv und kommt bei Männern gut an. Das nutzt sie auch seit vielen Jahren weidlich aus. Immer wieder sieht man neue Männer an ihrer Seite.

Ihren Kindern hingegen widmet sie nur wenig Zeit, und so sind diese oft auf sich allein gestellt. Dennis und eine seiner Schwestern, die 10-jährige Sarah, kommen deshalb tagsüber oft für einige Stunden in die Arche. Hier finden sie Erwachsene, die sich um sie sorgen, sie treffen Freunde und können unbeschwert herumtollen.

Ansonsten hängt Dennis die meiste Zeit vor seinem Computer. Er ist viel in regionalen Chatrooms für Kinder und Jugendliche unterwegs. Man lernt dort Leute kennen, kann sich mit ihnen „unterhalten" und ein Treffen in der realen Welt vereinbaren. Jeden Morgen vor der Schule, nachmittags, wenn er aus der Arche nach Hause kommt, und abends bis spät in die Nacht hinein sitzt er vor dem Bildschirm und chattet mit fremden Leuten. In der virtuellen Welt des Netzes nimmt er eine andere Identität an – genau wie viele andere Chatter auch. Die Kinder machen sich oft älter und denken sich aufregende Lebensläufe aus.

Die Anonymität des Internets birgt natürlich einige Risiken. Es ist bekannt, dass sich nicht selten auch Erwachsene mit pädophilen Neigungen in diesen Chatrooms für Jugendliche aufhalten, das haben Untersuchungen des Sprachverhaltens der Teilnehmer ergeben. Auch sie legen sich eine andere Identität zu; sie geben sich als Kinder aus, unterhalten sich im Chat mit Minderjährigen über sexuelle Erfahrungen und machen im schlimmsten Fall ein Treffen mit ihnen aus.

Doch auch andere Kinder und Jugendliche stellen eine potenzielle Gefahr dar. Immer öfter machen Kinder anderen Kindern sexuelle Angebote oder drohen ihnen Gewalt an. Wo ein derartiges Verhalten gemeldet wird, werden die Schuldigen gesperrt, also aus dem entsprechenden Chatroom ausgeschlossen, auch ganze Chatrooms werden gesperrt, sofern deren Inhalte als fragwürdig bekannt werden. Doch damit ist die Gefahr für die Kinder nicht gebannt, denn neue Chats schießen wie Pilze aus dem Boden. Die Kinder erfahren die neuen Adressen durch Freunde und Mitschüler. Besonders die Chats, in denen es so richtig „zur Sache" geht, sind bei vielen Kids sehr beliebt.

So auch bei Dennis. Dennis sehnt sich sehr nach Liebe, das ist mehr als offensichtlich. Von seiner Mutter bekommt er diese Liebe nicht. Wenn er in der Arche ist, will er ständig in den Arm genommen und liebkost werden. Er bettelt förmlich darum. Im Grunde ist auch seine Chatsucht auf diese Sehnsucht nach Liebe zurückzuführen. In der virtuellen Welt sucht er Gleichgesinnte, andere, die ebenfalls auf der Suche nach Liebe sind – oder nach dem, was sie dafür halten.

> Als wir Dennis' Mutter auf den Vorfall ansprachen, sagte sie lediglich: „Was soll's? Ich kann es ja sowieso nicht ändern."

Kürzlich machte er im Chat einer 12-Jährigen eindeutige sexuelle Avancen. Über Wochen hat er sie immer wieder im Chat bedrängt, weil er sich unbedingt mit ihr treffen wollte. Nachdem die Mutter des Mädchens von der Sache Wind bekam, informierte sie die Polizei, die wiederum die Identität des Jungen schnell ermittelt hatte. Dennis wurde verwarnt und natürlich aus dem Chat ausgeschlossen.

Als wir Dennis' Mutter auf den Vorfall ansprachen, sagte sie lediglich: „Was soll's? Ich kann es ja sowieso nicht ändern."

Das Desinteresse der Mutter am Leben ihrer Kinder ist erschreckend. Dennis' Leistungen in der Schule haben in der letzten Zeit erheblich nachgelassen, doch auch das registriert in seiner Familie niemand. Dennis braucht Hilfe von außen, in seiner Familie findet er keine Unterstützung. Wenn er diese Hilfe nicht bekommt, wird ihn die virtuelle Welt früher oder später zerstören.

Dennis' Mutter ist zurzeit übrigens wieder frisch verliebt und interessiert sich nur noch für ihren neuen Freund. Sie will noch einmal ganz von vorne anfangen. Dazu gehört auch, dass sie mit ihrem neuen Freund noch ein Kind bekommt. „Das ist die große Liebe, jetzt fängt das Leben erst richtig an", erklärt sie. Ich bin da, ehrlich gesagt, skeptisch. Wie oft haben wir das in der Arche schon gehört! Ihr neuer Freund will übrigens nur dann bei ihr einziehen, wenn die Kinder verschwinden, wohin auch immer. Das hat er ihr so gesagt. Die Geschichte von Dennis ist also noch lange nicht zu Ende. Wir werden an seiner Seite bleiben.

Timo

Ich schaue aus dem Fenster meines Büros und sehe Timo in unserer Streetsoccer-Anlage auf dem Hof der Arche ausgelassen Fußball spielen. Er trifft den Ball und, wie ich sehe, auch das Bein von Florian, der laut schreiend hinfällt. „'n Pflaster, ick brauch'n Pflaster!", höre ich diesen rufen. Ich kann nicht anders, als zu grinsen.

Timo war bis vor wenigen Wochen eines unserer größten Sorgenkinder. Mit seinen fast 16 Jahren hat er mehr sexuelle Erfahrungen, als so mancher Mensch sie in seinem ganzen Leben je sammeln wird.

Seine Geschichte hängt eng mit der seiner Mutter zusammen ...

*

Timos Mutter Nicole war mit 16 Jahren zum ersten Mal schwanger. Als ihr Freund davon erfuhr, ließ er sie jedoch sitzen. Sie brach die Schule ab, eine Ausbildung wollte sie nicht machen. Das war ihr alles viel zu stressig mit dem Kind, zumal sie in ihrer Familie keine Unterstützung fand. Ihre Eltern wollten sich nicht um ihren Enkel kümmern, sie waren froh, dass sie die eigenen Kinder aus dem Haus hatten.

172

Nach wenigen Jahren wurde sie erneut schwanger – mit Timo – und wieder wurde sie von dem Erzeuger des Kindes sitzen gelassen. Die junge Frau lebte von Transferleistungen und kam mit ihrem Geld gerade so über die Runden. Arbeiten wollte sie jedoch immer noch nicht, und so saß sie im Grunde den ganzen Tag untätig zu Hause herum.

Von einem Bekannten bekam sie dann irgendwann einen Computer geschenkt. Als der Computer eingerichtet war, wies der Bekannte sie auch gleich in die Welt des Internets und der Chats ein. Leute kennenlernen, „ohne vom Sofa aufstehen zu müssen", das übte einen besonderen Reiz auf Nicole aus. Nun war es um die junge Frau geschehen. Sie lebte fortan zwischen zwei Welten: der virtuellen und der realen.

> Die Sexfantasien der Erwachsenen kannten keine Grenzen, und diese wurden auch kräftig ausgelebt – auch im Beisein der Kinder.

Einen festen Freund hatte Nicole damals nicht. Im Internet lernte sie jedoch nach und nach eine Menge Männer kennen. Wenn ihr jemand im Chat sympathisch war, lud sie ihn gerne auch mal nach Hause ein – natürlich nicht, um sich nett zu unterhalten, sondern um sexuellen Verkehr zu haben. Ständig tauchten neue Chatbekanntschaften in der kleinen Dreizimmerwohnung auf – ab und zu sogar weibliche.

Die Sexfantasien der Erwachsenen kannten keine Grenzen, und diese wurden auch kräftig ausgelebt – auch im Beisein der Kinder. Für den Jungen war es fast schon normal, seiner Mutter beim Sex mit immer neuen Partnern zuzuschauen. Die Männer gaben sich bei der Frau zeitweise die Klinke in die Hand.

Schon im Alter von 12 Jahren machte Timo seine erste Sexparty in der Wohnung seiner Mutter mit. „Es war schon okay, mich hat nie ein Mann angefasst", sagt er heute. Er hat immer nur zugeguckt. Einmal hat seine Mutter im Netz sogar ganz gezielt ein junges Pärchen gesucht, das keine Probleme damit hatte, dass auch die beiden Jungs anwesend waren.

Der Lebensstil seiner Mutter hat Timo sehr geprägt. Nachdem er „auf den Geschmack gekommen" war, brachte auch er immer wieder Mädchen mit nach Hause. Oft schaute seine Mutter herein, während er mit einer Freundin in seinem Kinderzimmer Sex hatte. Für den Jungen war das nicht ungewöhnlich. So etwas wie Schamgrenzen hatte es bei ihnen zu Hause nie gegeben. Einmal hatte er sogar gemeinsam mit seinem Bruder Sex mit einer Frau. Bei seinen Sexerlebnissen war oft Alkohol mit im Spiel, Drogen hat Timo allerdings bis heute noch nicht genommen, beteuert er immer wieder, „höchstens mal gekifft".

Mittlerweile hat sich einiges geändert – sowohl für Nicole als auch für Timo.

Nicole hat vor ein paar Monaten beim Einkaufen einen Mann kennengelernt. Seit sie fest mit dem Mann zusammen ist, ist in der Familie ein Stück Normalität eingekehrt. Die Frau hält sich zurzeit von Chatrooms fern.

Timo ist vor einiger Zeit mehr oder weniger zufällig in der Arche gelandet. Hier lernt er, seine Freizeit sinnvoll zu gestalten – zum Beispiel mit Sport. Die Geschichte von Timo hatte eigentlich nie eine Chance auf ein glückliches Ende. Sein Lebensweg war vorgezeichnet. Doch heute haben wir Hoffnung, dass er einmal ein normales Beziehungsleben wird führen können. Zurzeit hat er eine feste Freundin und er scheint sich in der Beziehung wohlzufühlen. Wir in der Arche versuchen jedenfalls, ihm Werte mitzugeben, die in einer Beziehung wichtig sind. Wir wollen mit ihm über eine Therapie sprechen und hoffen, dass er noch lange in die Arche kommt. Hier hat er ein zweites Zuhause.

Ich hoffe, du reimst dir jetzt nichts zusammen, weil ich gerade in so ein Buch schreibe. :)

Aber ich fand es einfach höchst attraktiv und wollte es etwas persönlich gestalten. :)

Ich hoffe, es hat dir gefallen.

Der anonyme Chatraum

Fragt man die Jugendlichen bei uns in der Arche nach ihren Hobbys, dann lautet eine der häufigsten Antworten: „Chatten."

Man hat herausgefunden, dass 70 Prozent aller 10- bis 16-Jährigen regelmäßig chatten. Sogenannte Chatrooms bieten in der virtuellen Welt eine Möglichkeit, Leute zu treffen und sich über den Bildschirm miteinander zu „unterhalten" und zu flirten. Kinder werden von dieser virtuellen Welt genauso in den Bann gezogen wie Erwachsene.

Viele Erwachsene aus sozialen Brennpunkten lernen über Chats ihre neuen Partner kennen. Auch hier nehmen sich viele Kinder ein Beispiel an ihren Eltern. Das Internet bietet ja auch eine bequeme Art der Partnersuche.

Direkt nach der Schule tummeln sich Unmengen von Kids, die auf der Suche nach einem Flirt sind, in Chats wie knuddels.de oder jappy.de. Per Chat entstehen virtuelle Freundschaften. Anders als bei der guten alten Brieffreundschaft ist die Kommunikation hier allerdings sehr viel direkter, die Antwort kommt prompt, sofern der Gesprächspartner antworten will. Auf diese Weise kann man sehr schnell und direkt Kontakte knüpfen.

Jeder Chatter stellt sich mit einem Bild von sich sowie mit ein paar kurzen Informationen zu seiner Person vor, sodass man sich je nach Geschmack den „Schreibpartner" aussuchen kann, der einem am besten gefällt. Wird man von jemandem „angesprochen", der einem nicht zusagt, oder sogar „dumm angemacht", kann man in einigen Chatrooms durch das Klicken eines sogenannten „Ignore-Button" die betreffende Person „ausschalten".

So weit, so gut. Doch birgt das Ganze auch einige Gefahren, vor allem für Kinder, und das selbst in speziellen Jugendchats.

Die Anonymität des Internets ermöglicht es jedem, sich eine fremde Identität zuzulegen, falsche Altersangaben zu machen und das Foto einer anderen Person statt das eigene einzustellen. Man weiß daher nie hundertprozentig, wer die Person tatsächlich ist, mit der man es zu tun hat. Es sind zum Beispiel auch Fälle bekannt, wo Erwachsene sich als Kinder oder Jugendliche ausgegeben haben, um das Vertrauen ihrer minderjährigen Chatpartner zu erlangen.

Leider sind viele Jugendliche so leichtsinnig, sich auch im wahren Leben mit ihren Chatpartnern zu treffen, ohne sich der Gefahren bewusst zu sein. In Hamburg-Billstedt wurden zum Beispiel im Mai 2007 zwei 12- und 13-jährige Mädchen von zwei Jungen, die sie kurz vorher in einem Chat kennengelernt hatten, sexuell missbraucht.

Schreckensmeldungen wie diese sind leider keine Einzelfälle. Aber auch innerhalb der virtuellen Welt besteht die Gefahr der sexuellen Belästigung. Oft beginnt es recht harmlos. Man wird aufgefordert, sein Aussehen näher zu beschreiben, oder man wird nach der Unterwäsche befragt, die man gerade trägt – das betrifft vor allem Mädchen. Viele, vor allem jüngere Kinder können damit nicht umgehen, vielleicht auch, weil sie hinter den Fragen nichts Schlimmes vermuten, deshalb nutzen sie den bereits erwähnten „Ignore-Button" nicht. Bei einigen Chats gibt es so eine Einrichtung allerdings auch gar nicht erst.

Nicht selten werden Kinder, wenn sie die ersten Fragen „zufriedenstellend" beantwortet haben, anschließend aufgefordert, Bilder zu mailen, auf denen sie nur wenig bekleidet sind, oder sich sogar vor ihrer Webcam auszuziehen. Leider haben auch hier viele Kinder nicht den Mut, eine klare Grenze zu ziehen, und leisten der Aufforderung Folge.

Im Jahr 2005 wurde erstmals eine Studie am Sozialpädagogischen Institut der Universität Köln zur sexuellen Viktimisierung[1] in Internet-Chatrooms durchgeführt, die deutlich machte, dass der Austausch von pornografischem Material sowie sexuelle Übergriffe auf Minderjährige in Chatrooms keine Seltenheit sind. Dr. Catarina Katzer, Leiterin des Forschungsprojekts, nennt Zahlen: „Von allen befragten Chatterinnen (10 bis 19 Jahre) berichtete fast jede zweite, bereits von einem anderen Chatteilnehmer gegen ihren Willen nach sexuellen Dingen gefragt worden zu sein; bei den Jungen trifft dies auf jeden vierten Chatter zu. Auch gaben 34,1 Prozent der Chatterinnen an, ungewollt nach eigenen sexuellen Erfahrungen gefragt worden zu sein; bei den

---

[1] Wörtl.: Jdn. zum Opfer machen (von dem englischen Wort „victim"= Opfer).

Jungen sind dies nur 16 Prozent. Und jede zehnte der befragten Chatterinnen wurde bereits ungewollt von einem anderen Chatteilnehmer aufgefordert, sexuelle Handlungen an sich selbst vor der Webcam auszuführen; bei den Jungen dagegen trifft dies lediglich auf jeden 20. Chatteilnehmer zu. Pornografisches Material in Form von Fotos oder Filmen erhielten Jungen etwas häufiger als Mädchen (Pornos: Mädchen = 3 %, Jungen = 7 %; Nacktfotos: Mädchen = 9,1 %, Jungen = 13 %)." (Quelle: http://www.dji.de/cgi-bin/projekte/output.php?projekt=752&Jump1=LINKS&Jump2=25, Stand: Juni 2008.)

Es ist leider sehr schwierig, diesem Phänomen Einhalt zu gebieten. Zum einen, weil viele Kinder und Jugendliche oft sehr lange – von den Eltern völlig unbeaufsichtigt – vor dem Computer sitzen; zum anderen, weil die Kids die virtuelle Welt offensichtlich zu wenig ernst nehmen. Viel zu schnell geben sie ihre Handynummern und Adressen weiter.

Die Gefahr aus dem „Netz" bedroht Kinder jeglicher sozialer Schicht. Das Internet ist gleichermaßen zugänglich für Arm und Reich.

Die einzige Möglichkeit, unsere Kinder zu schützen, besteht darin, dem virtuellen Wahnsinn eine bessere Aufklärung entgegenzustellen, zu Hause und in der Schule.

Eltern sollten sich dafür interessieren, auf welchen Internetseiten ihre Kinder „herumsurfen" und mit wem sie Kontakt haben. Und Lehrer sollten im Unterricht, wenn das Thema „Umgang mit dem Computer" behandelt wird, auch über ein vernünftiges, sicheres Verhalten in Chaträumen sprechen.

Außerdem müssen definitiv die Schutzmechanismen in Chaträumen verschärft werden.

Pädagogen, Eltern und auch der Staat stehen hier in der Verantwortung.

Anmerkung:
Im Internet werden von der Fachstelle für Jugend, Medien und Sexualität Workshops angeboten, die in Schulen und Jugendklubs durchgeführt werden können (www.sexnsurf.de). Darin werden die folgenden Fragen behandelt:

> *„Wo liegen die Unterschiede beim Kennenlernen im Chatroom und im realen Leben?"*
> *„Wo liegen die Möglichkeiten und Grenzen, die Traumfrau oder den Traummann im Chat kennenzulernen?"*
> *„Wie komme ich beim Chatten gut an? Welche Kommunikationsregeln sollte ich beachten?"*
> *„Wie merke ich möglichst schnell, wenn in einem Chatgespräch eine Grenze überschritten wird? Wie kann ich bei ‚blöden Anmachen' reagieren? Wo sollte ich von vornherein misstrauisch sein?"*
> *„Welche Daten sollte ich im Chat auf keinen Fall herausgeben und welche Regeln schützen mich sonst noch vor Grenzüberschreitungen?"*

Spricht etwas dagegen, dass solche Workshops flächendeckend angeboten werden?

Schlusswort

Die Geschichten in diesem Buch machen eines deutlich: Wir überlassen unsere Kinder sich selbst und haben offensichtlich nicht einmal Angst vor den Folgen. Doch wir müssen uns bewusst sein, wenn unsere Kinder weiter auf sich allein gestellt sind und mit nur wenigen Vorbildern und Werten aufwachsen, werden wir in unserem Land nicht nur eine sexuelle Verrohung erleben, sondern gehen einer düsteren Zukunft entgegen.

Eberhard Ritz, der Ehe- und Krisenberater des Weißen Kreuzes e. V., sagt in einem Interview zum Thema „Kinderkonsum und Pornografie": „Im Hinblick auf die langfristigen Konsequenzen sehe ich eine Zunahme an psychischen und physischen Erkrankungen auf uns zukommen. Darüber hinaus werden wir es mit einer zunehmenden Verrohung und einer Steigerung der Gewalttaten in unserer Gesellschaft zu tun bekommen. Wir erleben schon heute eine Zunahme an Gleichgültigkeit gegenüber der Not und dem Elend anderer Menschen. Die Menschenwürde wird in Zukunft noch mehr mit Füßen getreten werden. Das Recht des Einzelnen auf Unversehrtheit wird an Bedeutung verlieren. Wir züchten uns eine Gesellschaft mit beziehungsunfähigen Menschen heran, wo letztlich der Einzelne in Bedeutungslosigkeit versinken wird" (http://www.aktion-kig.de/nachrichten/news32.html).

Schauen wir uns nur die Entwicklung der Kinder an, die heute in unserem Land aufwachsen. In ihrer Mediennutzung, in der Konfrontation mit freizügigen, sexuell geprägten Bilderreizen in Zeitschriften, dem barrierefreien Internetkonsum stehen sie allein da, ohne persönliche Begleitung von Erwachsenen.

> Wir überlassen unsere Kinder sich selbst und haben offensichtlich nicht einmal Angst vor den Folgen.

Je weiter meine Mitarbeiter und ich in die Welt der Kinder und Jugendlichen, die wir in der Arche kennenlernen, eintauchen und je mehr Gespräche wir mit ihnen und ihren Eltern führen, desto betroffener sind wir. Kinder entwickeln sich heute aufgrund der von außen wirkenden sexuellen „Aufklärung" sehr viel schneller als noch vor zehn Jahren. Bei vielen Minderjährigen hat sich das Spielverhalten extrem verändert. Ihr Reden und Handeln ist geprägt durch die Bilder, die in Massen auf sie einströmen. Es ist erschreckend, wie viele der Kinder, die mit der Arche in ein Ferienlager fahren, vor allem nachts große Ängste ausstehen, weil ihre Fantasie mit Bildern aus Horror- und Gewaltfilmen gespeist wird. Auch ihre Ausdrucksweise lässt häufig Rückschlüsse darauf zu, wie ausgeprägt ihre sexuellen Fantasien aufgrund der frühen Konfrontation mit Pornofilmen und Sexspielchen der Eltern schon sind.

Da mittlerweile in fast jedem Wohnzimmer ein Fernseher und in vielen Kinderzimmern ein Computer steht, werden wir dem sexuellen Wahnsinn kaum noch Einhalt gebieten können. Aber es muss sich etwas tun im Bereich der Aufklärung unserer Kinder. Entwickeln wir uns so weiter wie bisher, werden immer mehr junge Leute beziehungs- und konfliktunfähig. Vergewaltigungen und Gewalt in der Sexualität werden eine immer größere Rolle spielen. Kleine Geschwister werden Opfer ihrer größeren Brüder und Schwestern werden, weil diese einfach mal etwas „ausprobieren" wollen. Auch die Spielplätze sind dann nicht mehr sicher. Die Zahl der Geschlechtskrankheiten unter Jugendlichen wird steigen, und es wird immer mehr junge Leute geben, die sich mit HIV infizieren. Teenagerschwangerschaften und Abtreibungen werden zunehmen und der eigene Körper wird nicht mehr respektiert.

Wie oft mussten wir in den vergangenen Wochen und Monaten die Frage beantworten: „Warum schreibt ihr ein Buch über so ein abstraktes Thema?" Vielen ist es peinlich, über ein solches Thema zu reden. Wie viel peinlicher ist es ihnen dann, mit einem Jugendlichen über das Erwachsenwerden und über Sexualität zu reden! Je aufgeklärter und freizügiger unser Land wird, desto weniger sprechen wir mit unseren Kindern über eines der wichtigsten Themen ihrer Entwicklung. Dabei ist genau das so wichtig. Wir müssen mehr reden. Das ist der wichtigste Grundsatz für die sexuelle Aufklärung von jungen Menschen. Und hier sind nicht nur die Schulen und Bildungszentren gefragt, sondern auch Eltern und Kirchen. Kinder und Jugendliche akzeptieren ein authentisches Gegenüber, sie merken schnell, wer nur einen Eiertanz macht und wer wirklich an ihnen interessiert ist.

Wir dürfen uns nicht wundern, dass immer mehr Kinder Opfer von Pädophilen werden, denn auch diese Menschen haben erkannt, wie liebeshungrig unsere Kids geworden sind, und nutzen genau das aus. Unzählige Kinder sind Opfer einer kommunikationslosen Gesellschaft, die scheinbar ihr Interesse an der jungen Generation verloren hat. Sie sind die Spielfiguren einer Erwachsenenwelt, die sie um ihre Kindheit betrogen hat. Sie werden zu Monstern an ihrem eigenen Körper, die von Ärzten nicht mehr zu heilen sind. Über sie entscheiden Menschen, die sie als Fälle abhandeln und nicht als Individuum erkennen und schätzen.

Anfang 2007 forderte der Landesvorsitzende der jungen Liberalen, Christopher Vorwerk, dass in Videotheken Pornofilme schon für 16-Jährige freigegeben werden. Er war der Meinung, dass Jugendliche mit 16 Jahren alt genug seien, um selbst zu entscheiden, was sie sich ansehen. Auf diese Weise würden sie wenigstens nicht auf verbotenen Internetseiten herumsurfen, auf denen sie Filme anschauen können, in denen Gewalt bei Sex eine große Rolle spielt. Damit implizierte Vorwerk, dass in „normalen" Pornofilmen Liebe eine größere Rolle spiele als bei den Internetfilmen. Dies ist allerdings ein Trugschluss. Pornofilme klammern den Aspekt der Liebe und Partnerschaft per se aus. Es geht einzig und allein um die Darstellung des sexuellen Aktes.

Es kann und darf nicht sein, dass Kinder – und auch 16-Jährige sind noch Kinder – vermittelt bekommen, dass der sexuelle Akt alles ist, worauf es im zwischenmenschlichen Bereich ankommt. So vielen Kindern und Jugendlichen mangelt es ohnehin schon an Vorbildern, die ihnen echte Liebe vorleben und vermitteln.

Menschen, die diese echte und wahrhaftige Liebe nie erfahren, sind definitiv unglücklicher, und sie leiden in der Regel unter Selbstzweifeln. Sie suchen Erfüllung in der Sexualität, erleben diese aber letztendlich nur als Leere. Glücklich wird dabei keiner.

> Wäre es nicht besser, wenn wir heute handeln würden, damit in zehn Jahren junge Erwachsene in unserer Gesellschaft leben, die gelernt haben, was Liebe, Beziehung und echte Sexualität bedeuten?

Wenn in zehn Jahren Tausende von Erwachsenen in unserem Land leben, die alle Formen der sexuellen Perversion „durchhaben", deren Seelenleben aber auf der Strecke geblieben ist, dann werden wir unser Handeln bzw. Nichthandeln in der Vergangenheit verurteilen. Wäre es nicht besser, wenn wir heute handeln würden, damit in zehn Jahren junge Erwachsene in unserer Gesellschaft leben, die gelernt haben, was Liebe, Beziehung und echte Sexualität bedeuten? Erwachsene, die ihren eigenen Kindern gern von ihrer Kindheit erzählen, weil sie auf etwas Schönes zurückblicken können. Erwachsene, die in der Lage sind, mit ihren Kindern über alles zu reden – ohne Tabus –, und die lieben können, weil sie selbst Liebe erfahren haben!

Mit diesem Ziel vor Augen dürfen wir nicht wegschauen oder peinlich berührt sein, wenn wir ein Buch wie dieses hier lesen. Wir müssen handeln, und zwar alle.

Unsere Kinder brauchen uns mehr denn je!

Die Arche stellt sich vor

Das Kinder- und Jugendzentrum „Die Arche" wurde 1995 in Berlin gegründet. Träger des Zentrums ist das christliche Kinder- und Jugendwerk e. V. Ziel des Vereins ist es, Kinder von der Straße zu holen, sinnvolle Freizeitmöglichkeiten zu bieten und gegen soziale Not anzugehen sowie Kinder wieder in den Mittelpunkt der Gesellschaft zu stellen und dies mittlerweile in Hamburg, München, Potsdam, Köln und Berlin.

Zurzeit betreut die Arche allein in ihrem „Haupthaus" in Berlin-Hellersdorf täglich bis zu 500 Kinder, Jugendliche und Eltern in offenen und festen Freizeitangeboten. Hierzu gehören zum Beispiel Hausaufgabenhilfe, diverse Spiele, einmal im Monat eine Kindergeburtstagsparty, ein Tanzworkshop sowie verschiedenste Sportangebote. Außerdem gibt es regelmäßige Freizeitcamps, die es auch sozial benachteiligten Kindern ermöglichen sollen, einmal in die Ferien zu fahren. Die Kinder kommen ebenfalls in die Arche, um eine warme, vollwertige und vor allem kostenlose Mahlzeit zu sich zu nehmen. Die Aufgaben, die der Verein übernommen hat, kann er nur mit Unterstützung der Bevölkerung bewältigen. Die Arche finanziert sich daher zu fast 100 Prozent aus Spendengeldern. Um die nötige Aufmerksamkeit zu erreichen, macht der Verein auf die Situation der sozial schwachen Kinder in Deutschland aufmerksam, nennt Ursachen und Missstände, sucht Verantwortliche und Partner in der Politik und tritt selbst als „Experte" auf – aufgrund von Erfahrungen auf diesem Gebiet. Ganz nach dem Leitmotiv „Prävention statt Reaktion".

2005 erhielt der Leiter und Gründer der Arche, Bernd Siggelkow, den „Verdienstorden des Landes Berlin" und im Jahr 2008 den Berliner Kulturpreis und das „Bundesverdienstkreuz". Die Arche selbst wurde durch die „Internationale Liga für Menschenrechte" mit der „Carl-von–Ossietzky-Medaille" gewürdigt. Ziel und Vision des Vereins „Die Arche" ist es, im gesamten Bundesgebiet „Archen" als feste Institution zu „verankern". Denn die Armut, besonders bei den Kindern in unserer Gesellschaft, nimmt immer weiter zu. Helfen Sie zu helfen und unterstützen Sie die Arche in ihrer Arbeit (Die Arche, Bank für Sozialwirtschaft, Kto.-Nr. 30 30 100, BLZ 100 205 00).

Ich hab dich
sehr lieb, Entchen.

.Sarah.

Deutschlands große Chance

Bernd Siggelkow | Wolfgang Büscher

Deutschlands große Chance

Was sich unsere **Kinder** wünschen und warum wir sie unbedingt **ernst nehmen** müssen

GerthMedien

Gebunden, 224 Seiten, € 14,95, ISBN 978-3-86591-449-1

Welche Wünsche und Sehnsüchte haben unsere Kinder? Bernd Siggelkow und Wolfgang Büscher sind dieser Frage nachgegangen. Mit erschreckenden Ergebnissen: Zwischen den Sehnsüchten der Kinder und der Realität liegen meist Welten. Zu oft liegt das Potenzial der Kinder brach und wird nicht gefördert. Mit fatalen Folgen für unser Land. Dieses Buch zeigt, was wir jetzt für unsere Kinder tun müssen.

Die ganze Welt des Taschenbuchs
unter

www.goldmann-verlag.de

Literatur deutschsprachiger und
internationaler Autoren,
Unterhaltung, Kriminalromane, Thriller,
Historische Romane und **Fantasy-Literatur**

Aktuelle **Sachbücher** und **Ratgeber**

Bücher zu **Politik, Gesellschaft,**
Naturwissenschaft und **Umwelt**

Alles aus den Bereichen **Body, Mind + Spirit**
und **Psychologie**

Überall, wo es Bücher gibt und   unter www.goldmann-verlag.de

Goldmann Verlag • Neumarkter Straße 28 • 81673 München